中公新書 2371

千田 稔著

カラー版 古代飛鳥を歩く

中央公論新社刊

扉絵　千田春菜

目次

X 墳墓と遺跡 ―――― 157

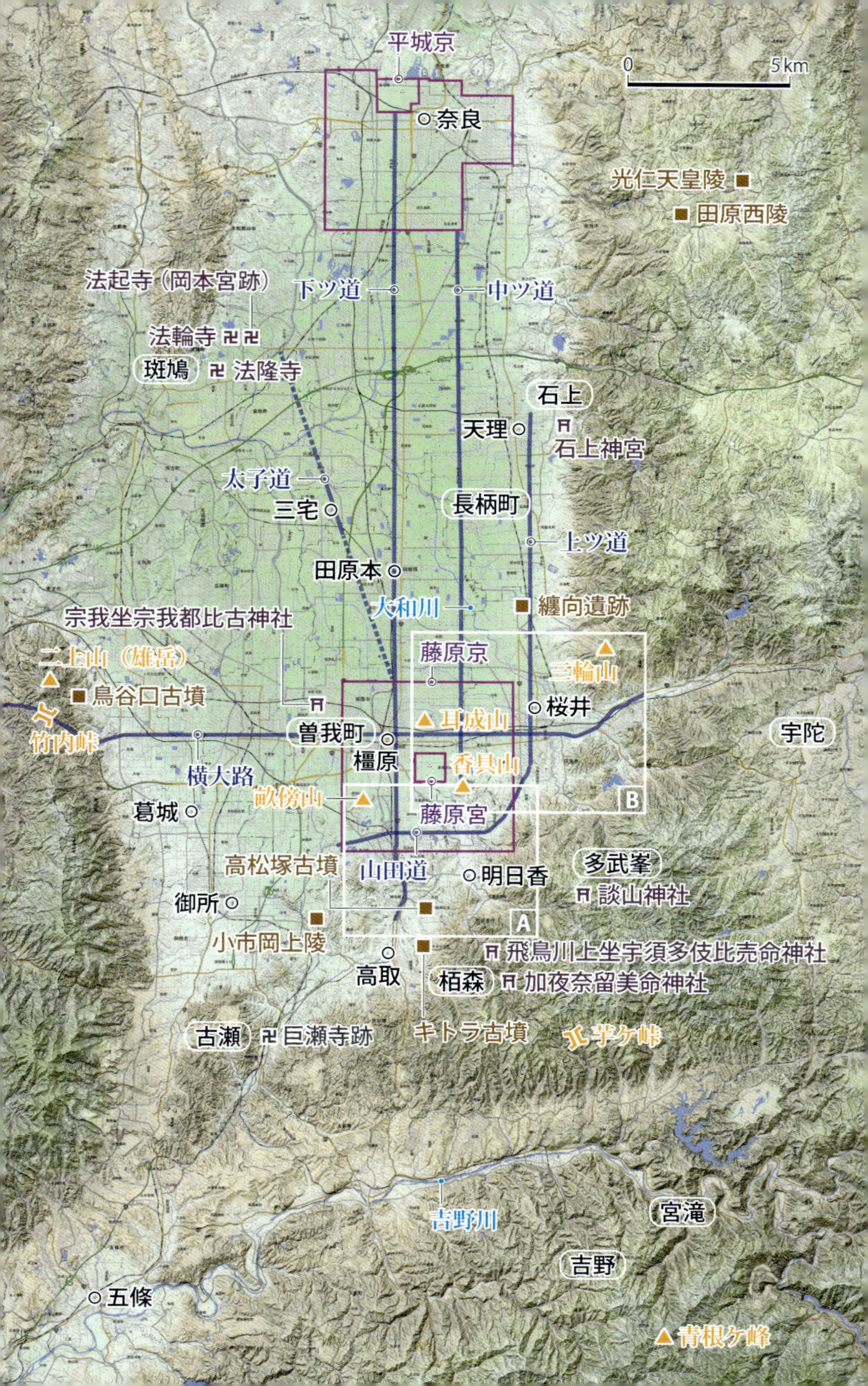
平城京
0
5km
奈良
光仁天皇陵
田原西陵
法起寺（岡本宮跡）
下ツ道
中ツ道
法輪寺
斑鳩
法隆寺
石上
天理
石上神宮
太子道
三宅
長柄町
上ツ道
田原本
大和川
纏向遺跡
宗我坐宗我都比古神社
藤原京
三輪山
二上山（雄岳）
鳥谷口古墳
桜井
耳成山
竹内峠
曽我町
宇陀
橿原
香具山
横大路
畝傍山
藤原宮
B
葛城
高松塚古墳
山田道
明日香
多武峯
談山神社
御所
A
小市岡上陵
飛鳥川上坐宇須多伎比売命神社
高取
栢森
加夜奈留美命神社
古瀬
巨瀬寺跡
キトラ古墳
芋ケ峠
吉野川
宮滝
吉野
五條
青根ケ峰

A 明日香村周辺
香具山
小山
大官大寺跡
山田道
山田
山田寺跡
雷丘
雷丘東方遺跡
藤原京
飛鳥水落遺跡
石神遺跡
豊浦
飛鳥
飛鳥寺
飛鳥坐神社
甘樫の丘
飛鳥池工房跡（万葉文化館）
入鹿の首塚
亀形石造物
飛鳥京跡
苑池
小原（大原）
酒船石
飛鳥浄御原宮跡
伝飛鳥板蓋宮跡
川原寺
岡寺
岡
橘寺
橘
島庄
石舞台古墳
ミハ山
都塚古墳
至多武峯
飛鳥稲淵宮殿跡
塚本古墳
阪田
至吉野
稲渕
0
1km

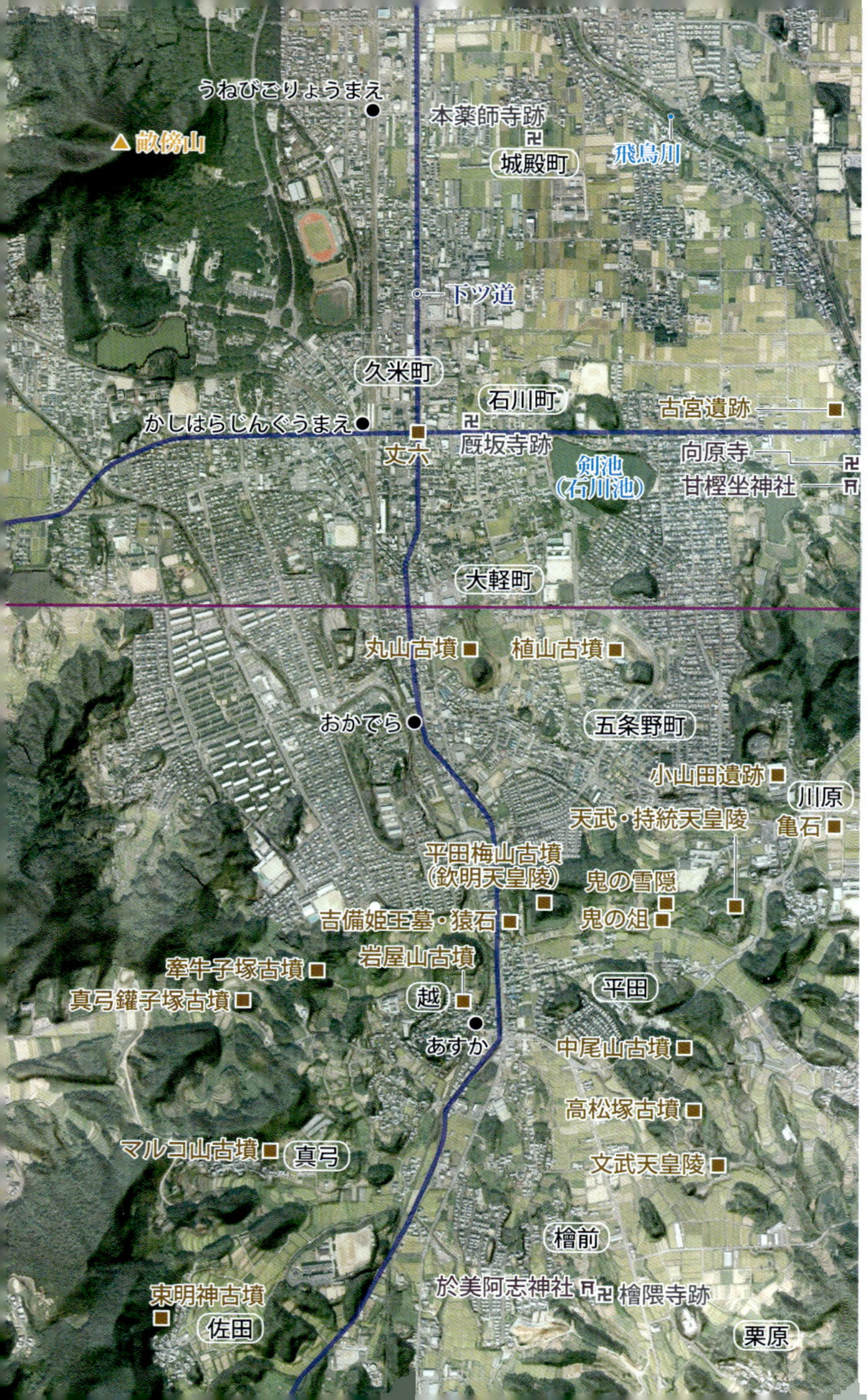
うねびごりょうまえ
畝傍山
本薬師寺跡
城殿町
飛鳥川
下ツ道
久米町
石川町
古宮遺跡
かしはらじんぐうまえ
丈六
厩坂寺跡
剣池
(石川池)
向原寺
甘樫坐神社
大軽町
丸山古墳
植山古墳
おかでら
五条野町
小山田遺跡
川原
天武・持統天皇陵
亀石
平田梅山古墳
(欽明天皇陵)
鬼の雪隠
鬼の俎
吉備姫王墓・猿石
岩屋山古墳
牽牛子塚古墳
真弓鑵子塚古墳
越
平田
あすか
中尾山古墳
高松塚古墳
マルコ山古墳
真弓
文武天皇陵
檜前
於美阿志神社
檜隈寺跡
束明神古墳
佐田
栗原

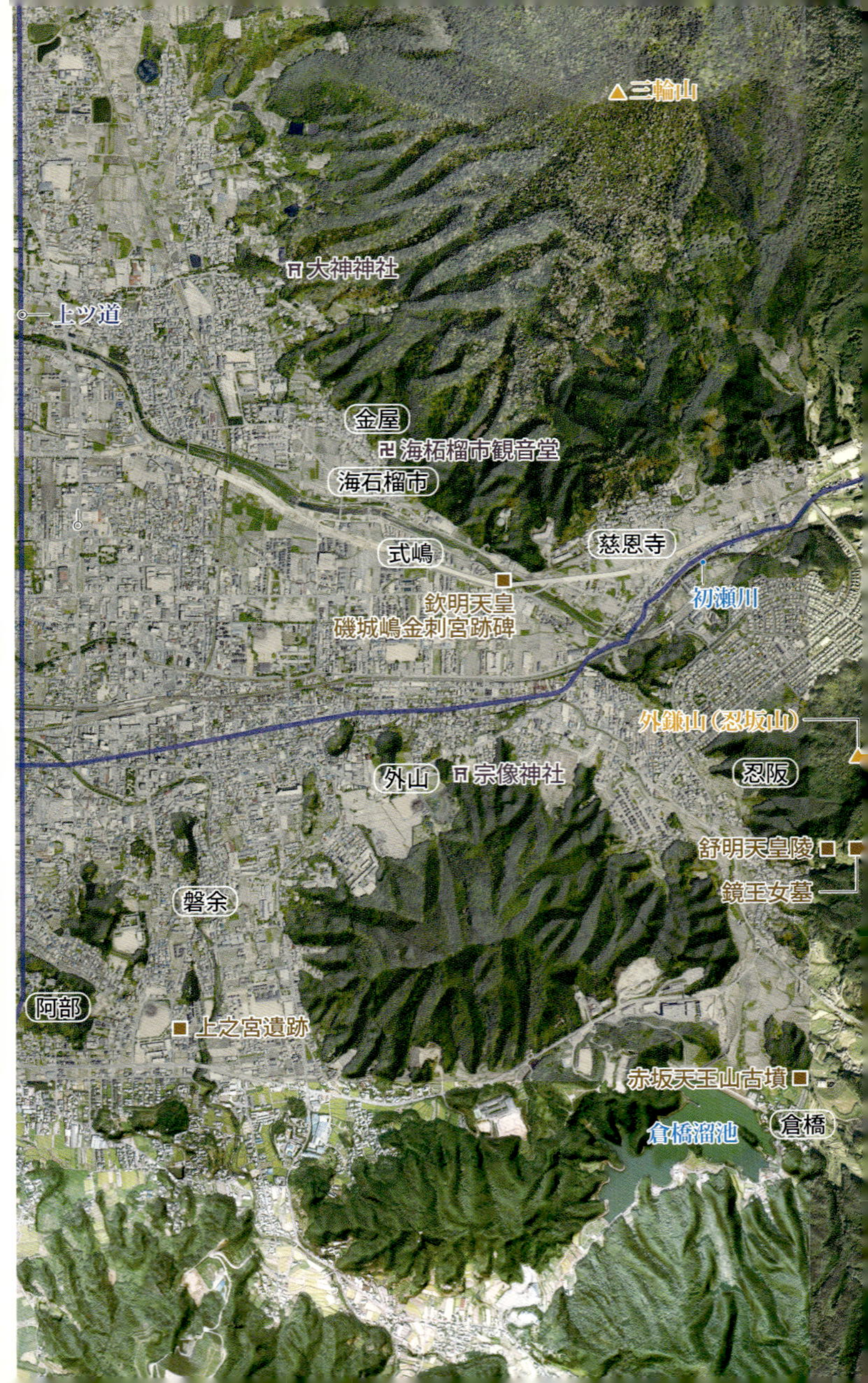
三輪山
大神神社
上ツ道
金屋
海柘榴市観音堂
海石榴市
式嶋
慈恩寺
欽明天皇
磯城嶋金刺宮跡碑
初瀬川
外鎌山（忍坂山）
外山
宗像神社
忍阪
舒明天皇陵
鏡王女墓
磐余
阿部
上之宮遺跡
赤坂天王山古墳
倉橋溜池
倉橋

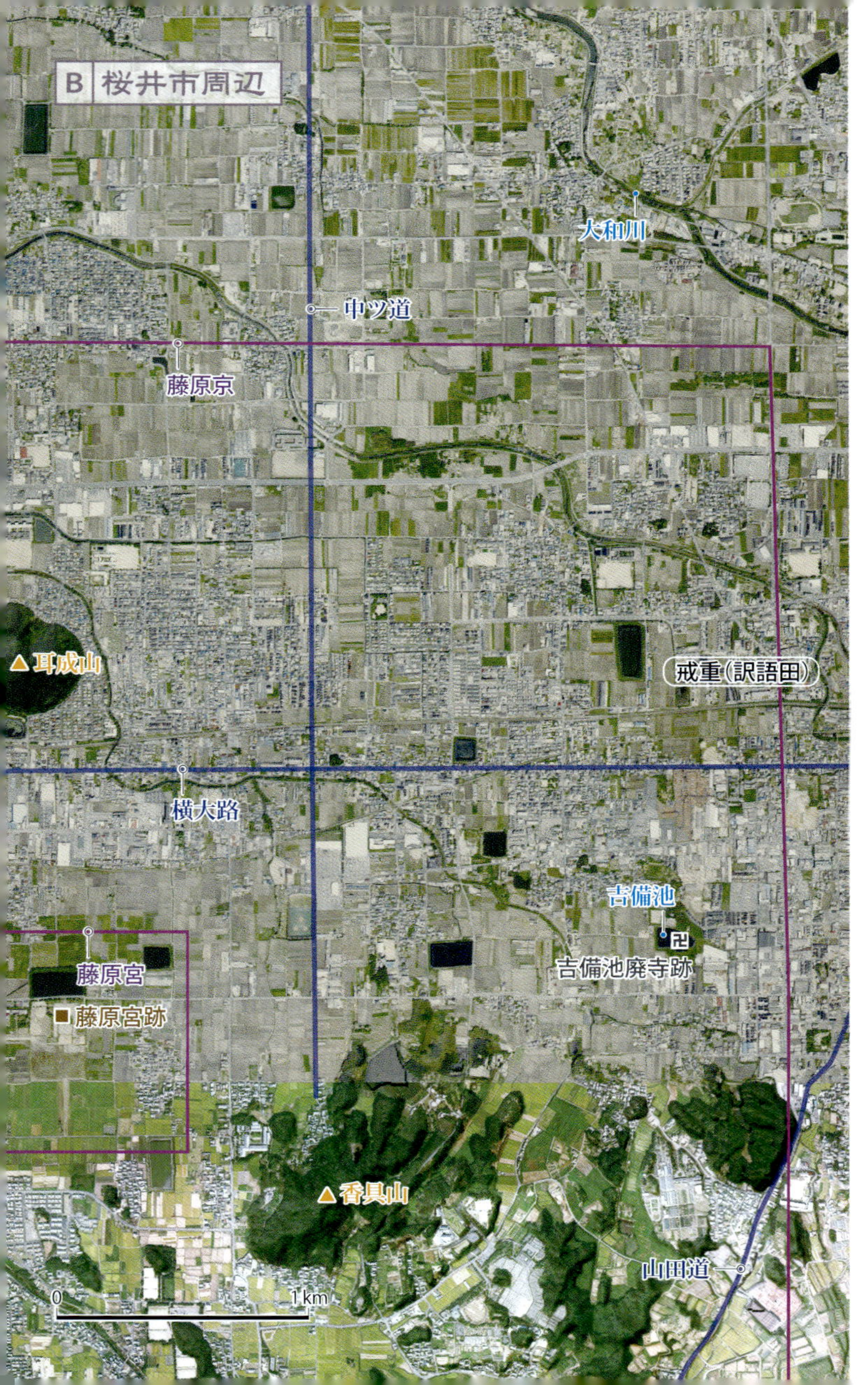
B 桜井市周辺
大和川
中ツ道
藤原京
耳成山
戒重(訳語田)
横大路
吉備池
吉備池廃寺跡
藤原宮
藤原宮跡
香具山
山田道
0
1km

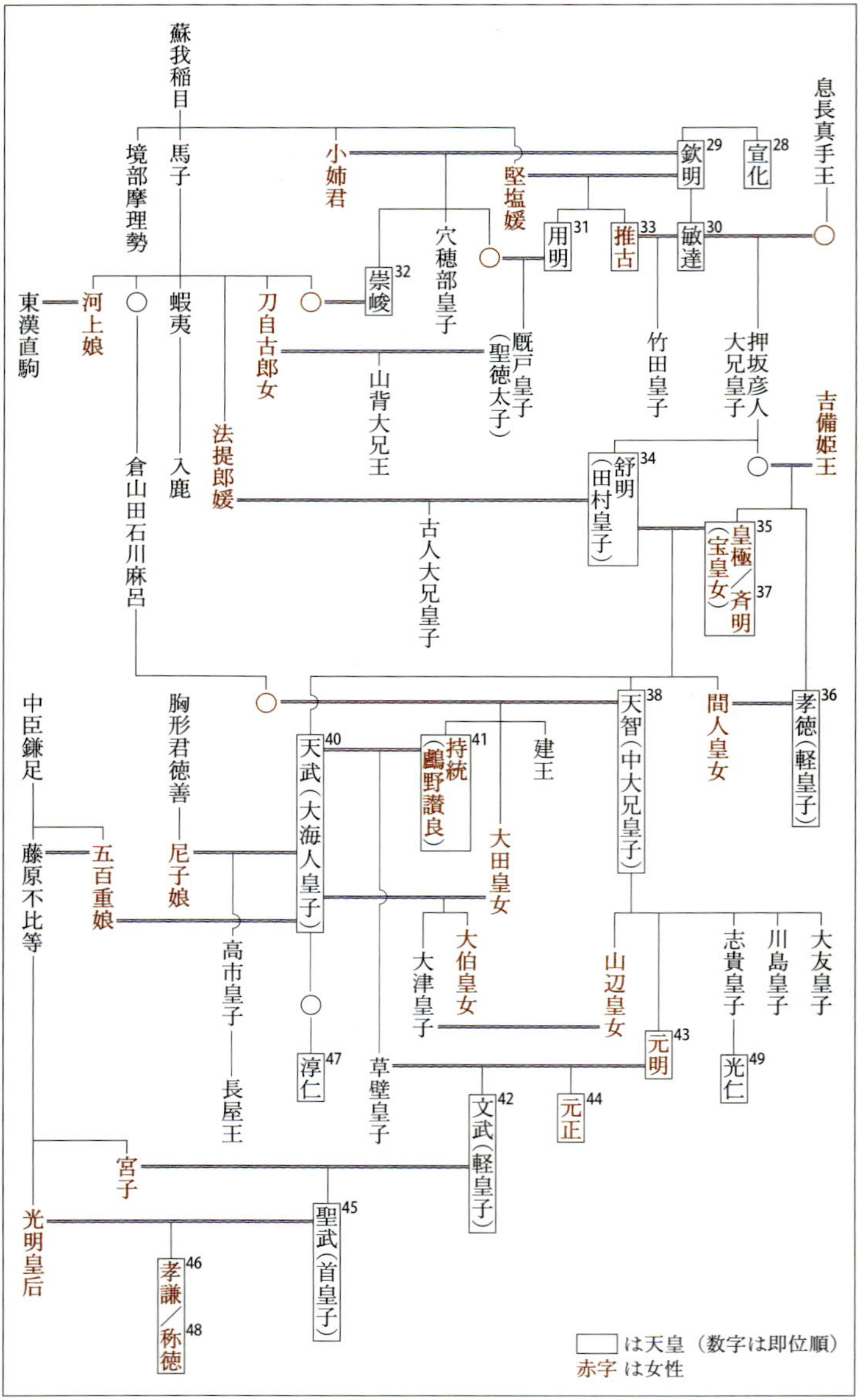

蘇我稲目
境部摩理勢
馬子
小姉君
堅塩媛
欽明 29
宣化 28
息長真手王
用明 31
推古 33
敏達 30
穴穂部皇子
崇峻 32
東漢直駒
河上娘
蝦夷
刀自古郎女
山背大兄王
厩戸皇子（聖徳太子）
竹田皇子
押坂彦人大兄皇子
吉備姫王
法提郎媛
倉山田石川麻呂
入鹿
舒明（田村皇子） 34
古人大兄皇子
皇極（宝皇女）35／斉明 37
中臣鎌足
胸形君徳善
天武（大海人皇子） 40
持統（鸕野讃良） 41
建王
天智（中大兄皇子） 38
間人皇女
孝徳（軽皇子） 36
藤原不比等
五百重娘
尼子娘
大田皇女
高市皇子
大伯皇女
大津皇子
山辺皇女
志貴皇子
川島皇子
大友皇子
淳仁 47
草壁皇子
元明 43
光仁 49
長屋王
文武（軽皇子） 42
元正 44
宮子
光明皇后
聖武（首皇子） 45
孝謙 46／称徳 48
□は天皇（数字は即位順）
赤字は女性

I 飛鳥とは

菜の花

1 この国の原型

基層に仏教、儒教の精神

飛鳥《あすか》。この国の原点というにふさわしい、奈良県の飛鳥とその周辺をゆっくりと歩いてみたい。この国の原型ができた土地である。

ただ、歴史の教科書的知識をなぞるのではなく、また、考古学的な調査の成果に目を瞠《みは》るのではなく、飛鳥から日本という国をみつめ、考えながら歩いてみたい。

現代の日本という国家の基盤が安定しているといえないように、飛鳥に列島の文化と政治の中枢があった六世紀末から八世紀初頭にかけての約百年間も、東アジアの海の波間に漂いながら針路を探し求めていた時代であった。

飛鳥を歩きながら、ふと、立ち止まって、歴史に思いをいたすと、飛鳥の時代と、現代（近現代といったほうがよいかもしれないが）の両者が相似ているのに、気づく。

飛鳥の時代は、文化や政治体制が隋《ずい》・唐《とう》といった中国大陸や朝鮮半島から渡来し、近現代においては、欧米文化がもたらされたという事実、つまり日本という国の大きな歴史的節目が、どちらも海の外からのインパクトによって成立したということである。

ただ、飛鳥と近現代が似ているといってみたが、それは、表面的な点においてであると、いっておくべきかもしれない。

広々としてのどかな飛鳥の風景。（左から）甘樫の丘、耳成山、香具山

飛鳥の場合、文化・政治における根幹は、仏教であり、仏教で国を守る「鎮護国家」という思想が理想として掲げられもした。同時に天皇をはじめ政治にたずさわる人たちのスタンスは、儒教であった。徳のあるものこそ、政治に関与すべきだと理念的に考えられた。

天皇の諡《おくりな》（没後に生前の行いや徳によって与えられる称号）に仁徳《にんとく》、孝徳《こうとく》天皇というように「徳」という文字が用いられていることが、そのことを示すと読み取れる。

それに加えて、天皇に課せられたつとめは、神祭りであった。政治のことが「まつりごと」といわれる由縁である。

ひるがえって、近現代はどうであろうか。芸術・医学・理学などの学術、工学などのアートとテクノロジーが欧米からせきを切ったように、わが国に流れ込んだが、それらの基層にあるキリスト教の思想をほとんどともなうことはなかった。

飛鳥と近現代の表層的な類似点が、実はそれを支える精神性の有無ということにおいて、無視しがたい違いがあるのを指摘することができる。

一例をあげてみよう。飛鳥時代の建造物でランドマーク的景観をなしたのは、大部分は、寺院建築である。ところが、近現代、とりわけ明治時代前半に各地に造られた学校建築の細部の装飾は、キリスト教の教会を模したといわれるが、大工職人は、その意味を誰からも教えられることがなかったという。ただ西洋建築の上っ面をなでただけであった。

現代日本の都市を歩いても欧米文化でうわべを飾り立てた風景の中にいる自分の存在に、われに返るときがある。精神性をともなわない日本の都市の風景に埋もれた日常生活に疑いをもたないこの国のわれわれを支えるのは何であろうか。

飛鳥時代の風景からは、渡来文化とはいえ、そこに積極的に「ココロ」を入れようとした当時の人々の営みが読み取れるが、近現代のそれは、「ココロ」よりも、形骸《けいがい》化した「モノ」をむさぼりつつ今日に至ったといって、大きな間違いはないであろう。この国の精神的土壌がないがしろにされたままであった。

飛鳥を歩きつつ、日本を考える。日本人を考える。一体、われわれは、どこに向かおうとしているのだろうか。「飛鳥を歩く」というのは古代の歴史的痕跡《こんせき》をたどることではない。日本のあり処《か》を探ることなのだ。

飛鳥を深く知るには、歩くことがよい。古代の人が歩きながら、風景に目をやり思ったことを追体験するために。

最寄り駅は、近鉄吉野《よしの》線の飛鳥駅である。ここから歩きはじめるのが、一般的なコースである。急ぐことはない。一日で飛鳥をすべて見て回ろうとしても、それは、無理なことである。

本書では、観光あるいは見学コースに沿って述べることはしない。飛鳥とその周辺の古代の出来事を、年代を追って、現場の風景の前にたたずみながら、日本の歴史において飛鳥とは何かを語っていくつもりである。

2 「アスカ」という地名

浮かびくる川州の風景

なぜ、「飛鳥」と書いて、「アスカ」と読むのかと、よく問われる。やさしい問題ではないのである。未《いま》だ正解はない。

飛鳥を歩きながら、いつもつきまとう難題である。「飛ぶ鳥の明日香《あすか》」というように、「飛ぶ鳥の」は「明日香」の枕詞《まくらことば》として使われるが、枕詞から独立して「飛鳥」と書いて「アスカ」と読まれるようになった。

この難題を考えるには、「アスカ」という地名の由来を考えねばならない。主として二つの説がある。一つは、古朝鮮語の「アンスク」（安宿）に語源を求める説。この説を、私は頭か

甘樫の丘の東付近を流れる飛鳥川。『古今集』に流れの変わりやすい川とうたわれている

ら否定するつもりはない。ただ、私にとって、腑《ふ》に落ちる説はもう一つの、「アスカ」は「ア（接頭語）＋スカ（州処）」という解釈である。つまり、砂州のようなイメージである。「アスカ」は、川の流れによってつくられた川州の風景によって名づけられた地名ではないだろうか。川とは、今日、明日香村を流れる飛鳥川である。

私は、いつもそのようなイメージを浮かべながら、飛鳥を歩くが、今は、そのような風景に出会うことはない。

川州を飛び交う水辺の鳥によって「飛ぶ鳥の」という枕詞が、いつごろからかわからないが、語り伝えられたのではあるまいか。

古代には、鳥は天と地の間を飛びながら相互のメッセージを伝える動物とみなされた。だから、百舌鳥《もず》、斑鳩《いかるが》といった地名が今に伝わる。ヤマトタケルの白鳥伝承も、八咫烏《やたがらす》の信仰も同じであろう。飛翔《ひしょう》する鳥に思いを託した人々の気持ちを今でも理解できる。

3 飛鳥の原風景

権力闘争の地に〝狼〟出没

飛鳥を恋しく思いはじめるのは、春先のころである。石舞台《いしぶたい》古墳の近くに咲く菜の花が飛鳥に誘う。

飛鳥を歩きながら心が穏やかになるのは、北はやや遠くに天《あま》の香具山《かぐやま》がみえ、東・南・西に低い山や丘陵があって、自分の身体が守られているような気持ちになるからであろう。そうだ、幼子が、部屋の片隅に居場所を見つけるようなもので、心安らぐ空気が漂う。

中国の故事にいう、浮世離れした華麗な別世界、壺中天《こちゅうてん》のような風景が、かつては広がっていたのではないかと、想像もしたくなる。だが、今日の私たちを包む穏やかな飛鳥の情景が、古代にもあったと思ってはならない。権力をめぐって、血で血を洗うような陰惨な出来事が、この飛鳥で繰り返し起こっていたのだ。

私は、かつて『万葉集《まんようしゅう》』を愛好する人々の会で、ロマンのみ飛鳥に求めるのは、本当の飛鳥の土地霊に触れたとはいえない、と語った。聴衆の方から、これまで万葉歌によって育《はぐく》んできた、飛鳥への愛《いと》しい思いが、遠のいたという手紙をいただいたことがある。

こんな万葉歌がある。「舎人娘子《とねりのおとめ》の雪の歌　一首」として「大口《おおくち》の真神《まかみ》の原に降る雪はいたくな降りそ家もあらなくに」（巻八―一六三六）。この歌にいう「大口の真神の原」こそが、飛

飛鳥の西にある甘樫の丘から北側にある香具山を望む

鳥の原風景を言い表しているのではないだろうか。

雪よ激しく降るな、家もないのに、と歌われている。

奈良時代につくられた『大和国風土記《やまとのくにふどき》』の逸文《いつぶん》（原文がなくなり、一部分が他の本に引用されたりして残っている文）に、明日香の地に老いた狼《おおかみ》がいて、多くの人を食べるので、土地の人が恐れて大口の神といい、その土地を大口の真神原《まかみはら》と名づけたとある。なんと、恐ろしい土地ではないか。いつごろのことかはわからないが、飛鳥に恐ろしい狼が出没したらしい。

狼は、神の使いであり、東京都青梅《おうめ》市の武蔵御嶽《むさしみたけ》神社の境内社に大口真神社《おおくちまがみしゃ》があり、埼玉県秩父《ちちぶ》市の三峯《みつみね》神社でも、狼を神の使いとして崇《あが》めている。

おどろおどろしい神がいて、血なまぐさい風景でもあった飛鳥を、今日抒情《じょじょう》的なイメージでもって彩色するのに『万葉集』が加担しているように、私は思うときがある。

II

素顔の蘇我氏

橘

4 飛鳥に吹く新風 神のお膝元へ仏教伝来

磯城から吹いてくる「風」が、飛鳥の地の政治的な色彩を六世紀末から次第に濃くしていく。磯城とは、奈良県桜井《さくらい》市から北西方にかけての地域である。「磯城」と書いて「シキ」と読める日本人は、奈良県外では、極めて少ない。「しきしまの」（磯城島の・敷島の）は大和《やまと》（今の奈良県）に枕詞としてかかるが、さらに日本国《やまとのくに》にもかかる。つまり「敷島の」宮は日本国家の宮をも指すこともあった。

私は、生まれも育ちも、奈良県磯城郡である。今もそこに住んでいる。『古事記《こじき》』『日本書紀《にほんしょき》』の神話、伝承などを戦後の教育で教えられなかったのが、日本の多くの人が「シキ」と読めない理由だろう。

そこで磯城のことである。しばらく、飛鳥の外に出てみよう。桜井市の大神《おおみわ》神社が祀《まつ》る三輪《みわ》山《やま》の南麓《なんろく》、初瀬川《はせがわ》のほとりに、慈恩寺《じおんじ》という集落がある。地図には書かれていないが、そのあたりに小字《こあざ》「式嶋《しきしま》」という地名がある。この地名が、六世紀半ばに在位した欽明《きんめい》天皇の磯城《しき》嶋金刺宮《しまのかなさしのみや》の一つの候補地である。

欽明天皇の時代は朝鮮半島における新羅《しらぎ》と百済《くだら》の領土争いが激化し、百済は、日本との親交を求めた。このような情勢の中で、百済の聖明王《せいめいおう》から釈迦《しゃか》仏や仏教の経典が贈られた。いわゆる仏教公伝である。

私は、このような仏教の伝来に、風景的な興味を抱く。なぜならば、磯城嶋金刺宮は、三輪

「式嶋」付近を流れる初瀬川。このあたりに欽明天皇の宮があったのか

欽明天皇磯城嶋金刺宮伝承地（保田與重郎揮毫）

山に抱かれるような場所にあった。三輪山は神が宿るミモロ（御諸）でカムナビ（神奈備）の山である。神祭りが日々なされていたにちがいない。その場所に異質の宗教がもたらされたのである。カルチャーショックのような衝撃が、天皇と群臣の身体を走ったであろう。むしろ三輪山という神の風景のお膝元《ひざもと》で起こったランドスケープショックとでもいうべきだろう。

天皇は、仏教の功徳《くどく》を聞き大いに喜び、臣下のものに礼拝すべきかどうかを問うた。伝統的な神を祀るべきだとする意見に対して大臣《おおおみ》の蘇我稲目《そがのいなめ》は、アジア各地で敬われているのに、日本だけが拒否することはないと発言した。今風にいえば、グローバリズムの立場に立ったのである。島国であるこの国は、海のかなたの文化への憧《あこが》れを常にもつ。その点においては古代と近現代は同じ次元に位置する。

稲目は小墾田《おはりだ》の家に仏像を安置し、向原《むくはら》の家を寺とした。どちらも、当時飛鳥とよばれた地域の縁辺部に位置する。古代には、飛鳥・小墾田・橘《たちばな》という三つの地域に区分されていたので小墾田・向原は厳密にいえば飛鳥ではなかった。

仏教という新しい風は、飛鳥に向かって吹きはじめた。

5　蘇我氏の娘たち

外戚となる足掛かりに

仏教を積極的に受け入れようとする蘇我稲目に対して、「天皇は、天神地祇《ちぎ》を春夏秋冬まつることをつとめとする」と、物部尾輿《もののべのおこし》と中臣鎌子《なかとみのかまこ》は反論した。この仏と神信仰の対立は、さまざまな局面であらわれる。ここでは、欽明天皇の磯城嶋金刺宮で大臣の地位にあった蘇我稲目の政治的戦略を追ってみたい。

氏族として絶大な権力を手に入れる方法は、わが娘を天皇の妃《きさき》として宮廷にいれることである。つまり外戚《がいせき》となり、そして天皇とわが娘との間に生まれた子どもを天皇の位に就けることである。

欽明天皇には五人の妃があったが、そのうちの二人、堅塩媛《きたしひめ》とその妹の小姉君《おあねのきみ》は、蘇我稲目の娘であった。前者は七男六女を、後者は四男一女をもうけた。稲目は、娘たちが生んだ子どもたちを、権力を獲得するゲームのカードとして切っていった。

古代の（古代だけではないが）権力奪取の手段として、女性が道具のように操られる。それが実情であろう。女性を踏み台として、権力という果実をもぎとる男という構図は、まぎれもなく、女性蔑視《べっし》というか、女性の人権は踏みにじられている。だが、これについて、当時の女性の生の声を記した史料はない。

橿原市曽我の宗我坐宗我都比古神社。蘇我氏の本拠地と通説にいう

稲目の二人の娘は、どこに住んでいたのだろうか。稲目の家のあった、雷丘《いかずちのおか》付近の小墾田か、それとも明日香村豊浦《とようら》のあたりであろうか。

稲目は、もう一つ、軽《かる》の曲殿《まがりどの》という家ももっていた。軽は、橿原《かしはら》市大軽町《おおがるちょう》付近であろう。

いずれにしても、蘇我稲目は、欽明天皇の大臣として磯城嶋金刺宮にいたが、本拠は飛鳥の縁辺にあった。飛鳥の西北方、橿原市曽我町《そがちょう》に、宗我坐《そがにいます》宗我都比古《そがつひこ》神社が鎮座する。祭神は、宗我都比古神と宗我都比売神《そがつひめのかみ》である。通説では、橿原市曽我の地を蘇我氏のもともとの本拠地とする。確かに蘇我氏ゆかりの神社だが、なぜ、この地が蘇我氏の権力の源泉となったか、説明できない。近鉄大阪線の真菅《ますが》駅の近くである。『日本書紀』推古《すいこ》天皇紀には、葛城《かつらぎ》（奈良県御所《ごせ》市あたり）も、蘇我氏の土地とする記事がある。

蘇我氏が渡来系氏族かどうかについては、しばしば問われる。渡来系であるという決め手はないが、少なくともいえることは、飛鳥寺《あすかでら》の創建に百済系の工人たちがたずさわっているので、百済との関係は親密であったであろう。

6 天皇暗殺

「悪者」イメージの蘇我氏

蘇我氏は、とかく悪者というレッテルを貼《は》られて古代史に登場する。レッテルを貼られるということは、われわれ人間が生きていくなかでよくあることだ。悪者であろうと、いい者であろうと、レッテルを貼られるのは、嫌なことである。レッテルの外にはみだしたつもりでも、人は、レッテルしかみてくれない。

『日本書紀』という正史に事実が書かれているというのは、幻想にすぎない。編者の意図で、いかようにも「歴史」を創造することができる。「歴史」とは、そういうものなのだ。

蘇我氏は「ワル」だというレッテルを貼られる一つの出来事は、『日本書紀』の次の記事である。まだ、飛鳥の時代ではない。明日香村の東北方、桜井市の倉橋《くらはし》あたりに倉梯宮《くらはしのみや》を置いた崇峻《すしゅん》天皇にまつわる事件である。

崇峻天皇五年（五九二）に蘇我稲目の子、馬子《うまこ》が、渡来系の東漢直駒《やまとのあやのあたいこま》を使って崇峻天皇を殺したという。

崇峻天皇は、欽明天皇の皇子であるが、母親は、稲目の娘である小姉君である。馬子が甥《おい》にあたる崇峻天皇を殺さねばならない理由は、『日本書紀』に、次のように書かれているが、それが事実であったかどうかは、わからない。

崇峻天皇が倉梯宮を置いたと想定されるあたりにある倉橋溜池

天皇に献上されたイノシシを指さして、いつかこの首を切るように、自分が妬《ねた》む者を切るのだと天皇が言って、武器を常時以上に集めたということを馬子が聞き、天皇暗殺の挙に出たという。しかし、事件には、往々にして裏があるものだ。

『日本書紀』は、天皇と女性の問題が隠されていることを、別の本には次のように書いてあると、わざわざ注記している。

それは、大伴嬪小手子《おおとものみめこてこ》という女性が天皇の寵愛《ちょうあい》が薄れたのを怨《うら》み、イノシシにたとえて崇峻天皇が馬子を憎らしく思っていると、人を遣わして馬子に告げたからだという。馬子による天皇暗殺の理由は、判然としないが、崇峻天皇が馬子によって殺されたことは事実であろう。

倉梯宮の位置はさだかではないが、想定地あたりには、昭和三十二年（一九五七）に完成した広大な倉橋溜池《ためいけ》があり、池の周囲は格好の散策路である。桜のころの風景がことさら美しい。

宮内庁が治定《ちてい》する崇峻天皇陵が倉橋川沿いにあるが、古墳ではないとされ、倉橋溜池の東北方にある赤坂天王山古墳《あかさかてんのうざん》を崇峻陵とする説が有力視されている。

7 女帝即位

熟慮重ね、馬子が決断

蘇我馬子が崇峻天皇を殺すという決断をしたときに、次の天皇を誰にするかについて、すでに決めていたはずである。決めていなければ、天皇を暗殺はできない。馬子が胸に秘めていたのは、皇族や官人たちの意表をつく人物を即位させることであった。熟慮に熟慮を重ねたにちがいない。

当時の慣例のようであったと思われるが、即位の年齢はおおよそ三十歳前後であった。候補者はその年代の皇族で、しかも政《まつりごと》に何らかの形で関わった人物であることにしたことはない。

いつの時代でも、どこにおいても、人事ほど、権力がからむものはない。人間が人間を動かすという快感が、そこには漂う。しかし、人事の失敗は、権力の失墜につながる。

現代風にいえばキングメーカーともいえる立場を自負していた馬子にとって、天皇を指名する範囲は、いうまでもなく、決まっていた。欽明天皇とその妃として入れた蘇我稲目の娘、堅塩媛・小姉君との間に生まれた人物でないと、蘇我氏にとって意味がない。すでに、みずからの血につながる用明《ようめい》天皇・崇峻天皇という二枚のカードは使った。だが、二枚のカードの切れ味はさほどよくなかった。用明天皇は病弱で、在位わずか二年で死去した。崇峻天皇は、すで

飛鳥川左岸に豊浦の集落がみえる

にみたとおりで、馬子によって殺害された。文字通り「血で血を洗う」結果となった。

欽明天皇と堅塩媛との間には、七男六女の、小姉君との間には四男一女の子どもがあった。小姉君を母親とする穴穂部皇子《あなほべのみこ》は、即位せんとして、物部守屋《もりや》の支持を得たこともあって殺されたという。そのこともあって、天皇即位のベクトルは堅塩媛の系統に向かった。馬子は、最後に「女帝でいくか」と決断した。こうして推古天皇が誕生した。われわれが『古事記』『日本書紀』をみる限り、はじめての女帝である。

推古天皇の最初の宮は豊浦に置かれた。蘇我稲目の向原の家があったところである。

甘樫《あまかし》の丘から北のほうを見下ろすと、北流する飛鳥川の左岸に寄り添うように、明日香村豊浦の集落がある。ここが推古天皇の宮のあったところである。そして向原寺《こうげんじ》の甍《いらか》がみえる。豊浦宮《とゆらのみや》の跡地に造られた豊浦寺の法灯を継ぐ。

蘇我稲目から馬子へとつながる蘇我氏の系譜は蘇我氏本宗家《ほんそうけ》と称されるが、右の蘇我氏の動向からみて堅塩媛系と小姉君系との間に亀裂が入っている。つまり本宗家は一枚岩ではないのが、後の政治を不安定な状況に導いていく。

8 石舞台古墳あたり

子ども心に強く残る存在

奈良県や大阪府の小中学校の遠足といえば、飛鳥に行くのが定番の一つである。飛鳥でも、石舞台古墳あたりがお決まりの人気スポットである。

いつごろからかわからないが、古墳を覆う封土《ほうど》が取り除かれて巨石からなる横穴式石室があらわに地上に出ている。日本の多くの古墳のなかでも、めずらしい光景をみせている。石室に自由に入ることができるが、私の子ども時代は、天井石の上にも上ることができ、この巨大な石造物が公園の遊具のような存在であった。だから、飛鳥の思い出といえば、石舞台古墳であった。

子どものころの思い出は、自分の背丈より大きいものと戯れたことが心の底に深く残るものである。飛鳥の価値を高くしているのは、地中にある埋蔵文化財ではあるが、眼《め》にみえないものは、子どもには、わかりにくい。

石舞台古墳は、周濠《しゅうごう》と外堤《がいてい》がめぐらされていて、一辺約五十メートルの方墳《ほうふん》とみられている。石室の全長（玄室《げんしつ》＋羨道《えんどう》の長さ）は二十メートル近くあり、天井石の一つは、重さ約七十七トンと推定されている。日本を代表する大型の横穴式古墳と、いってよいだろう。

被葬者は誰か、と問われる。おそらく、蘇我馬子であろうという答えがかえってくる。出土

遠足で人気の石舞台古墳あたり

物から七世紀前半とされる築造年代、古墳の規模が大きいことから、強い権力の持ち主と思われることとなると、近くに邸宅を構えていた馬子の名が浮上する。

『日本書紀』推古天皇三十四年（六二六）条に、馬子の死去に際した記事として、桃原《ももはら》の墓に葬ったこと、飛鳥川のほとりで家の庭に小さな池を掘り、池の中に島を築いたので時の人は嶋《しま》の大臣《おおおみ》といったとある。発掘調査で、方形の石組みの池が見つかり、馬子の家の池とされた。

私は、石舞台古墳に親しみながら遊び回っている子どもたちをみるたびに、学校の歴史の時間に、蘇我氏は悪い人でしたという先生がいたら、子どもたちは、歴史という摩訶《まか》不思議な世界に、戸惑うかもしれないと思うことがある。

今は、歴史を一つの窓からながめさせようとする教育に傾きつつある。しかし、いくつかの窓からながめるさまざまな歴史の見方を教えるべきであろう。歴史教育とはそういうものだ。

III 聖徳太子と推古天皇

椿

9 聖徳太子はいたか

実在した可能性は高い

推古天皇といえば、聖徳太子《しょうとくたいし》に触れねばならない。近年、聖徳太子はいなかったという説が話題となった。これについて語らないと、日本の仏教史は前に進めないという雰囲気を感じる。

聖徳太子が実在した可能性は高い。九世紀半ばに成立した養老令《ようろうりょう》の解釈書『令集解《りょうのしゅうげ》』の古記（天平《てんぴょう》十年〔七三八〕ごろの成立）に、死後賜る諡《おくりな》について、「上宮《かみつみや》太子を聖徳王と称するの類なり」とある。つまり、「聖徳」は死後上宮太子に与えられた名前とするならば、上宮太子と聖徳王は、同一の人物とみてよい。だが、私にとってはむしろ「上宮」の名のほうに関心がある。

上宮とは、太子が多感な少年時代を過ごした宮殿の名前である。父親用明天皇は、太子を宮殿の南の上宮に住まわせた。そこで、太子の名は上宮厩戸豊聡耳太子《かみつみやのうまやどのとよとみみのみこ》ともよばれた。

上宮の位置を桜井市上之宮《うえのみや》とする説は、かなり以前からあったが、その上之宮で、昭和六十二年（一九八七）から平成二年（一九九〇）にかけて区画整理にともなう宅地造成の事前調査として発掘調査が実施された。もう、およそ四半世紀近くも前のことになるのかという感慨がある。なかでも太子在世の六世紀末に相当する遺構群が注目された。中央に頑丈に造られたらしい四面庇《しめんびさし》付き建物の存在を推定させる柱穴が確認された。北の脇殿《わきでん》ではないかと思われる建物跡、苑池《えんち》状の遺構も見つかり、南の端には、溝と柵列《さくれつ》が造られていたことも確認された。発掘報告書は「宮殿であると考えることができるだろう」と記す。「太子の上宮の遺跡でまちがいない」というのが、周辺の天皇の宮の位置からみての、私の推断であった。今もそれは動かない。

ところが、上之宮遺跡は上宮の場所でないという反論が出た。近くに安倍《あべ》氏という豪族の拠点があるので、遺構は安倍氏の居館であるというのだ。自身で検証もしないで、その反論に追随する研究者も少なくない。

住宅地の中に苑池の石組み遺構のコピーだけがさびしくある

重要な遺跡であっては壊すことができないという「論理」に対して、反論が手を貸すことになり、遺跡の大部分は住宅地と化してしまった。

久しぶりに私は上之宮を訪ねた。新しい住宅地の一角に、苑池の石組み遺構を別の石で造ったコピーだけが、さびしくあった。解説板に、豪族の邸宅であると断定的に書き、上宮の可能性もあると末尾に記す。聖徳太子の上宮とする可能性があるならば、「開発」という「武力」を行使する前に慎重な検討がなされるべきであったという思いがこみあがり、私は、胸中激怒した。

10 飛鳥から隋へ

国あげてのプロジェクト

推古朝の、国をあげてのプロジェクトといえば、遣隋使《けんずいし》であろう。当時日本と中国の間を船で往復するのと、現代、宇宙ステーションに乗り込み地球に帰還するのと、どちらのリスクが大きいかといえば、いうまでもなく、古代の遣隋使のほうがはるかに大きい。

明日香村の豊浦から飛鳥川を渡り、雷丘を望みながら歩くとき、いつも思う。小さな宮とその周辺を政治の中枢部とする空間から、隋の大興城《だいこう》（後の長安城《ちょうあん》）に使節を派遣するという勇猛果敢な外交のことを。何がなんでも大国隋と交流し、先進文化を日本にもたらしたいという明確なメッセージがあった。

遣隋使は第六次まで派遣されたが、第一次は中国側の『隋書《ずいしょ》』「倭国伝《わこくでん》」にのみ伝える。推古天皇八年（六〇〇）である。

日本（倭国）からの使者は皇帝高祖文帝《こうそぶんてい》の前で次のように語った。「倭国の王は天をもって兄とし日をもって弟としております。日の明ける前に、政《まつりごと》をし、あぐらをかいて坐《すわ》る。日が出ると政務をやめ、弟に委《ゆだ》ねます」と。それを聞いた皇帝は「まったく、意義がない」と答え、そのやり方を改めさせたという。

これは、どういうことか。倭国の天皇の中心的な政務は、神祭りである。神は夜に行動するとされてきた。例えば、伊勢《いせ》神宮の遷宮でも、神が新しい神殿に遷《うつ》る遷座祭は、夜に行われる。推古朝の主たる政務も、夜の神祭りであったと思われる。夜が明けると、俗的な統治の施策を「弟」という身分の者が、行ったのであろう。

このように、古来、わが国の政治は、聖と俗の二面性によってなされていたらしい。聖は権威であり、俗は権力である。ところが、隋の皇帝から、意味がないと、否定されたのである。

推古天皇の小墾田宮が近くにあった雷丘

どうすれば、いいのか。隋にならって、政務は朝にやれと、教えられたらしい。推古天皇十一年（六〇三）に、豊浦宮から雷丘の東に宮を遷した。小墾田宮《おはりだのみや》という。宮の推定地からは平安時代初頭の「小治田宮」と墨書した土器が出土したが、推古朝の遺構も一部検出され、今後の発掘調査を待つまで埋め戻されている。『日本書紀』に、「朝庭」という言葉が使われている。朝廷のことである。つまり、朝に政治を行う朝政がはじまるのは、このころであろう。今日でもなされている企業や学校の朝礼・朝会も朝廷に範をとったのであろう。

11 隋使のみた飛鳥

大興城に匹敵の都建設?

推古天皇十五年(六〇七)の遣隋使について、はじめて『日本書紀』は小野妹子《おののいもこ》らを遣わしたことを記すが、『隋書』「倭国伝」には、国書を携えてきたとある。天皇のもとで、聖徳太子、蘇我馬子、渡来僧を交えて細心の外交的注意をはらって国書をつくったにちがいない。「日が昇る国の天子が、国書を日が没する国の天子にわたす。ご無事でおられますように云々《うんぬん》」と書かれていた。皇帝は、これをみて不快感を覚え、外交の責任者に、「この国書は、無礼である。今後は、私に聞かせるな」と述べたという。

この国書について、日本は太陽が昇る国、隋を太陽が没する国と、日本が隋を見くだした表現をしたために、皇帝の怒りを買ったと解されてきたむきがある。

それは、違うであろう。国書のキーワードは「天子」である。天子とは、天の神である天帝が地上を統治する人間として指名したもの、つまり、皇帝をいう。天子は、この世に、一人しか存在しない。それなのに、日本にも天子がいることは、理解できない。そのことが怒りを買ったのであるが、日本は隋との対等外交のスタンスで臨んだのである。

朝鮮半島の高句麗《こうくり》に隋が出兵したが、敗退を余儀なくされているという情報が日本側にもたらされていたにちがいない。隋は、高句麗との関係が悪くない日本に、高句麗に加勢しないこ

三道の一つ下ツ道。今日も生活道路として利用されている。田原本町付近

とを期待したと思われる。そのタイミングを見逃すことなく、遣隋使外交がはじまったとみることができる。

推古天皇十六年（六〇八）に、小野妹子が、隋からの使節裴世清《はいせいせい》らをともなって帰国した。難波《なにわ》から、大和川《やまとがわ》の水運によって、桜井市あたりの海石榴市《つばいち》で上陸、馬に乗り、小墾田宮に至った。近年、隋使は大和川を航行したのではなく、難波から陸路をとって海石榴市に至ったとする説がある。天皇のいる小墾田宮に向かうのにわざわざ桜井市あたりにあったと想定される海石榴市を陸路でめざしたのはまったく不可解である。海石榴市は衢（チマタ、道又）であるが、ここで外国からの使節が穢《けが》れをおとすミソギをするために滞在させたという。だが、私は管見の限りそのような史料を知らない。

すでに私は『日本書紀』応神紀《おうじん》・仁徳記にある「大津《おおつ》」という地名を小字名から旧大和川河口部にあて、大和への水運の入口とみなした。先行論文に真摯《しんし》に向かう研究の姿勢を欠きつつある時代を感じる。

大和川をさかのぼりつつ、隋使の目に入ったであろうものの一つに、奈良盆地を南北に等間隔に走る上ツ道《かみつみち》・中ツ道《なかつみち》・下ツ道《しもつみち》の三道がある。これら三道は、これまでの研究では単なる交通路という理解にとどまっていたが、考古学の調査で推古朝にできていたと推定されることから、隋の大興城に匹敵すべき都城《とじょう》の建設に着手したのではないかと、私は想定する。隋からの使節に建設中の壮大な都を誇示したのではなかったか。それだけではない。四天王寺《してんのうじ》の伽藍《がらん》、斑鳩宮《いかるがのみや》などの風景も海のかなたから到来した異国の使者にみせたであろう。「国家の風景」は外交の根幹である。

12 海石榴市

正確な場所はわからず

すでに書いたように、隋からの使者が、大和川の水運で飛鳥に向かったが、上陸したのは、海石榴市である。「海石榴」は、椿《つばき》のことであるが、なぜ、わざわざ海石榴と表記したのか。

私たちにとって椿という漢字は、早春に花咲くツバキを指して使う。ところが、中国では「椿」は、「チン」とよび、わが国のツバキではなく、落葉樹の別の植物である。私たちに親しい常緑樹のツバキは海石（柘）榴という漢字があてられた。では、なぜツバキに椿という漢字が、わが国で用いられたのか。

中国では、チン（椿）は、長寿の象徴とされる霊性をもつ木とされた。一方、ツバキは、葉が照り輝く照葉樹で、神の宿る木とみなされてきた。どちらも神樹であることから、日本のツバキに椿という文字があてられたが、中国では、日本のツバキは海石榴と書かれてきたので『日本書紀』は、中国風に表記したと考えられる。

ついでに、同じような事例をあげると、鮎《あゆ》は、中国ではナマズをいい、日本では、もとよりアユである。

さて、海石榴市はどこか。通説は、明日香村の東北方、桜井市の金屋《かなや》あたりという。

そこに海石榴市観音が祀られているというのが、理由とされてきた。ただ、海石榴市観音が

海石榴市があったとされる三輪山の南西麓付近の桜井市金屋あたり

古代から金屋に祀られていたという保証はないので、海石榴市がどこにあったかは、不明としておくのがよいかもしれない。ただ、三輪山の南西麓あたりであることは、確かであろう。

推古天皇十六年（六〇八）八月三日に隋からの使者が海石榴市に着く。美しく飾り立てた馬七十五匹を遣わし、歓迎の挨拶《あいさつ》をする。ところが、推古女帝のいる小墾田宮での儀式は、十二日に行われている。海石榴市到着から、九日を経過している。もしミソギの期間とすれば長すぎる。使者を宮に案内し、隋からの贈り物を庭に置き、使者の裴世清が、隋の皇帝から託された国書を捧《ささ》げもって、天皇に奏上《そうじょう》。日本側の官人が国書を受け取り、天皇の前の机において、天皇にその旨を奏上。儀式はこれで終了。出席した倭の要人たちと客人の間にみなぎっていた緊張感がゆるみだす瞬間である。十六日に、宮中で饗宴《きょうえん》。その間、使者はどこに止宿したのであろうか。一つの可能性は、かつて小墾田宮跡とよばれた豊浦の古宮《ふるみや》遺跡ではないかと考えられる。今日の小墾田宮の有力な候補地の西にあって位置的に見合う。

中国との外交をするために倭国側が心得ねばならなかったのは、中国風の歓迎儀式であったであろう。今の中国でも「熱烈歓迎」の文字が幕に書かれている。中国儒教の「礼」の倫理的規範である。だが、それが近代外交ではゆるぎはじめて久しい。

13 軽の衢　女帝の母

合葬された場

推古女帝の父は欽明天皇、母は蘇我稲目の娘、堅塩媛である。すでに触れたが古代の権勢をふるった氏族の女性は、氏族のために、天皇の妃として宮殿にのぼることに抵抗はなかったのであろうか。推古天皇は、母堅塩媛が甘んじた宿命を負って即位したのかどうか。

蘇我氏の系譜につながる女性たちの内面を『日本書紀』などから読み取ることは、できない。しかし、推古朝の政権の中枢は、天皇、厩戸皇子《うまやどのみこ》（聖徳太子）、蘇我馬子と蘇我氏ゆかりの者で占めていたので、女帝にのしかかる負担は、さほど重くはなかったはずである。

近鉄吉野線の岡寺《おかでら》駅近くの東側に、こんもりした丘のようなものが目に入る。全長約三百二十メートルの前方後円墳、丸山《まるやま》（見瀬丸山《みせまるやま》）古墳である。この古墳の被葬者をめぐって議論されてきたが、結論はまだ出ていない。欽明天皇の陵墓とする一説がある。たまたま、横穴式石室の内部が撮影され、二つの石棺の状態が判明し、規模や築造時期から、欽明天皇と堅塩媛が合葬されたものではないかと想定された。

『日本書紀』推古天皇二十年（六一二）条に、皇太夫人《おおきさき》堅塩媛を檜隈大陵《ひのくまのおおみささぎ》に改葬したとし、軽《かる》の衢《ちまた》で誄《しのびごと》、つまり弔意を述べる儀式をしたとある。欽明天皇陵の名称は檜隈坂合陵《ひのくまのさかいのみささぎ》で、檜隈大陵と同じとは言い切れない。ただ、堅塩媛が改葬されたのは「大陵」であるから、天皇

被葬者をめぐって議論される丸山古墳。後円部だけ宮内庁陵墓参考地

陵であって、欽明天皇陵をおいてほかにない。そして、誄がなされた軽の地は今日の橿原市大軽町で、丸山古墳の北に接している。だとすれば、堅塩媛が合葬された欽明天皇陵は、丸山古墳であろう。

丸山古墳の地は檜隈ではないという反論はある。しかし、檜隈坂合陵の「坂合」は「サカイ」つまり「境」で、檜隈に近い土地という意味に解したらよい。

宮内庁治定の欽明天皇陵は、明日香村平《ひら》田《た》の全長約百四十メートルの前方後円墳、平田梅山《うめやま》古墳であるが、被葬者は特定できない。

母、堅塩媛を欽明天皇陵に合葬しようとしたのが、女帝推古の意図ならば、強い女帝のイメージが浮かぶ。だが、蘇我氏出身の妃を皇后のごとく位置づけようとする馬子の政略であったとも考えられる。

右に述べたことに直接関わらないのだが、私が知りたいことがある。それは「軽」という地名の語源である。「カル」は「カラ」の音が転じたものではないだろうか。万葉歌に「かる臼《うす》」とよまれるが「カラ臼」のことと解されている（巻一六―三八一七）。とすれば地名「軽」は「カラ」（加羅《から》）から発音上転訛《てんか》したとみることもできよう。この想定に仮に従うならば、古代朝鮮半島南部の加羅（伽羅・迦羅）あるいは伽耶《かや》（伽倻・加耶）と関わる土地であったのではないかと思わせる。

14 檜隈

渡来系集団の居住地

檜隈は、檜前《ひのくま》とも書く。明日香村の南にあって、檜前という大字《おおあざ》の名前となっている。近鉄吉野線飛鳥駅から約一キロあたりの一帯であるが、かつては、かなり広い範囲を占めていたようである。

この「ひのくま」という地名の由来はわかりにくい。「くま」に「隈」の字をあてると、日の陰っているところの意味であろう。「前」という字を用いているのは、「隈」という字をきらって「前」という、逆の意味を表そうとしたという一説がある。

檜前には、六世紀前半に宣化《せんか》天皇の宮が営まれ、欽明天皇らの王墓が築かれたが、渡来系集団の居住地でもあった。

五世紀の応神天皇の時代に、東漢《やまとのあや》氏の祖阿知使主《あちのおみ》らが渡来し、檜前の土地を与えられて居住したという。

この地に、於美阿志《おみあし》神社が鎮座する。「使主」の「おみ」は「於美」と音が通じ「阿知」の「あち」と「阿志」の「あし」の音の類似が社名の表記となったと思われる。神社境内に七世紀後半の檜隈寺跡の遺構がある。東漢氏の氏寺であろう。

蘇我馬子が、崇峻天皇暗殺のために刺客として差し向けた東漢駒は、檜前あたりに住んでい

檜隈寺跡のある於美阿志神社の石塔婆

たにちがいない。この事件については、すでに述べたが、さらに考えさせられることがある。

天皇を殺害することは、東漢氏一族に即断できるようなことではない。皇族集団が、蘇我氏を苦々しくみていたことを、東漢氏は十分に認識していたと思われる。蘇我氏の力が、皇族集団を抑えられるという状況を読みきっての駒の決行であった。事をなしとげた駒は、高慢になったのか、馬子の娘、河上娘《かわかみのいらつめ》を奪って妻とした。そのことが発覚し、駒は馬子に殺されるのが、事の結末である。

渡来系集団は、先端技術者として権力を握る者に寄り添いながら、地歩を固めていった。東漢氏は、蘇我本宗家が滅亡した乙巳《いっし》の変（いわゆる大化《たいか》の改新）の後は、中大兄皇子《なかのおおえのみこ》（後の天《てん》智《じ》天皇）が主導する改新政府に仕え、壬申《じんしん》の乱では、大海人皇子《おおあまのみこ》（後の天武《てんむ》天皇）側に身を置く。

15 女帝と太子

仏の教え求め交流

推古天皇の時代は、国家の形をつくることに、多くのエネルギーを割いたといえる。形が整ったとはいえないが、若々しい息吹がたちこめていたといえるのではないか。はじめての女帝即位は、新しい時代の幕開きを期待させる蘇我馬子の政治的演出であったかもしれない。十七条憲法、遣隋使、冠位十二階、さらに上・中・下ツ道にみる都城計画など、東アジア世界において倭国の確立をめざすものであった。近代の明治時代に、表面的には似ている面があるとすでに述べた。

推古天皇二十一年（六一三）、難波より京に至る大道を造ったと『日本書紀』は記している。難波津は、今日の大阪市の西部で、国家的な要港であった。ここと、飛鳥を中心とする地域とを結ぶ大道は当時の国土軸といえよう。今も、奈良盆地の南を東西に走り、横大路《よこおおじ》とよばれる。ところが、国土軸とは別に、重要な道路があった。飛鳥と斑鳩とを結び、後に太子道《たいしみち》と称された。真北より西に二十度傾く方位をとるので、筋違道《すじかいみち》ともいわれる。

この道は、現在奈良県磯城郡三宅町《みやけちょう》から田原本町《たわらもとちょう》にわずかに痕跡を残している。痕跡とはいえ生活道路で、自動車も走る。この道は、『万葉集』では三宅道とよばれているが、あさざの花を髪かざりとした少女と少年の恋が清らかにうたわれている。

今も残る太子道。三宅町付近で

『日本書紀』推古天皇十四年（六〇六）条に、聖徳太子が、法華経《ほけきょう》を斑鳩の岡本宮《おかもとのみや》で講説したので、推古天皇は、大変喜んで播磨《はりま》の水田百町を聖徳太子に与えたとある。この記事から、推古天皇は岡本宮に出かけ、法華経の講義を太子から受けたと読むことができる。東アジア世界の一国の大王として女帝推古は、仏教を深く知りたいという願いがあったにちがいない。

天皇の補佐をすべき聖徳太子が飛鳥を去り、みずからの研鑽《けんさん》の場を斑鳩においた。推古天皇は、斑鳩の岡本宮（今日の法起寺《ほっきじ》）へと、太子道を行幸した。

推古天皇の心のうちは、複雑であった。天皇のなすべきことは、神祭りを第一とするが、東アジアの宗教的グローバル化の風に乗って仏教を導いた蘇我氏の考えも無視できなかった。しかし現代のグローバル化について考えるとき、それを先導するのは、政治でも経済でもなく、それに足かせをされない文化である。公伝以前に仏教が日本に伝わっていたことも念頭に置いておかねばならない。表面的なグローバル化の波は、とめることができない。ただその内なるもの＝精神がともなわない点にわが国の近代化の不安定さがあった。それと比べて古代の場合は内なる文化＝仏教が先に渡来し、それに呼応するかのように仏教寺院が創建された。

変貌《へんぼう》しつつあった国家に身を置いた女帝の心境を太子道に探ることができる。毎年太子道を訪ねる集いが周辺町村で行われている。

16 国家と仏教

政治と距離を置いた太子

先に、女帝推古天皇が聖徳太子から仏教の講説を受けたことについて述べた。国家と宗教の関わりは、古くて新しい課題である。飛鳥を歩きながら、ふとアメリカのことを思い浮かべる。多くのキリスト者からなるアメリカが、聖書の「ひとを殺すな」という教えをどのように解釈して兵士を派遣しているのかと。文章の解釈は、いかようにもなるのだ、というつぶやきが聞こえてくる。そのような不安定な政治のもとでわれわれは生きているのだ。

しかしわが国では、「言霊《ことだま》」という文化があった。言葉に宿る霊的な力である。法の解釈よりも法文の霊に耳をかすような方向に向かうべきであろう。

太子が飛鳥に宮殿をもたずに、斑鳩の岡本宮と斑鳩寺（法隆寺）で仏教に専念したのは、なぜだったか考えてみよう。

政治の中枢、小墾田宮や飛鳥寺から距離を置いたことは、大きな「出来事」ではなかったか。その理由は、蘇我馬子との政治的スタンスの違いによるのであろう。

推古天皇十二年（六〇四）に太子がつくったという十七条憲法は、理念的とみるむきがあるが、むしろ当時の現実が投影されている。というのは、第五条に「このころ訴を治むる者、利を得ることを常となし」（このころ訴訟にたずさわる者は賄賂《わいろ》をとることを常とし）と、「このこ

聖徳太子が仏教を講説した岡本宮跡に立つ法起寺の三重塔

ろ」という言葉が入っているからである。

太子と馬子の違いは、第二条と第三条の順位である。第二条は「篤《あつ》く三宝《さんぽう》を敬え」と仏教を敬うこと、第三条は「君は則《すなわ》ち天とし臣を則ち地とす」というように君と臣の上下関係を述べる。つまり、仏教が君―臣の政治的秩序より重視されている。

鎮護国家論は、国家の安定に仏教を利用するという立場であるが、太子は、政治よりも仏教が上位にあるとする、仏教至上主義である。

この考えが、飛鳥と斑鳩という地理的懸隔に表れる。実は、聖徳太子の仏教至上主義は奈良時代の聖武《しょうむ》天皇に影響を与えたのではないかと私は考える。聖武天皇が平城京《へいじょうきょう》を棄《す》て、北の木津川《きづがわ》のほとりに恭仁京《くにきょう》を造り、その東北方の紫香楽宮《しがらきのみや》（滋賀県甲賀市《こうかし》）に華厳経《けごんきょう》の教主盧遮那仏《るしゃなぶつ》の大仏を造ろうとしたことに似ている。

太子が飛鳥という権力の場をさけて、宗教的権威の場に身を置いたように、聖武天皇が恭仁京と紫香楽宮を配置した地理的関係にも同じ意図を読み取れる。

恭仁京・紫香楽宮構想が挫折《ざせつ》したあと、盧遮那仏は東大寺《とうだいじ》に造られるが、東大寺も正確には平城京の東京極《ひがしきょうごく》に接するとはいえ、京外である。たてまえは鎮護国家の寺ではあったが、聖武天皇は、大仏に北面してみずからを三宝（仏教）の奴《やっこ》とみなした。このことからも聖武天皇が聖徳太子を意識していたと思われる。政治への真摯な態度があった時代である。

17 五条野の推古天皇陵

「竹田皇子の墓に」と遺詔

「時代が動いている」という状況を見抜き、時代の変化に対応できる後継者を指名することは、組織のリーダーが退任するときの最も心しなければならない点である。

聖徳太子も馬子も死去し、推古女帝も病魔に襲われた。明らかに、時代が変化する予兆はあった。皇位の後継者を誰にするかが、政治の中枢部にいる者たちの一大関心事であった。

推古天皇は、病床にあって、時代がこのままでよいとは思っていなかった。みずからも母親を通じて蘇我氏の血を引いてはいるが、父親は欽明天皇である。蘇我氏の度をすぎた権力をよしとしなかった。それは、推古天皇三十二年（六二四）に馬子が葛城の地はもともと蘇我氏の土地であるので賜りたいとの申し出を拒絶したことからもうかがい知ることができる。だが、推古天皇は、明確に後継を指名しないまま、推古天皇三十六年（六二八）に死去した。しかし、意向は、遺詔《いしょう》として示されていたと、『日本書紀』は伝える。二人の候補があった。一人は田《た》村皇子《むらのみこ》、もう一人は、聖徳太子の子である山背大兄《やましろのおおえ》。田村皇子は、敏達《びだつ》天皇の皇子である押《おし》坂彦人大兄皇子《さかのひこひとのおおえのみこ》の子であるが、馬子の娘法提郎媛《ほうてのいらつめ》との間に古人大兄《ふるひとのおおえ》をもうけていた。二人に示唆した推古女帝の言葉は、田村皇子を優先し、山背大兄は、未熟であるとするものであった。推古天皇は、皇位継承について熟慮したと思われるが、田村皇子とした場合、その後継天

推古天皇の初葬墓があったとされる橿原市五条野のあたり

皇を皇親（皇族）系とするか蘇我系とするかは意思表示せず、結果的に大臣《おおおみ》蘇我蝦夷《えみし》に有利になる判断をした。女帝の意向に従って田村皇子（舒明《じょめい》天皇）が即位するが、蘇我氏本宗家の壊滅に、歴史のベクトルは動きはじめた。権力者の欲望はほとんど例外なく落とし穴に姿をかえるようだ。

推古天皇のもう一つの遺詔は、ここ数年、五穀は不作で、人々は飢えている。自分のために立派な陵を造ることなく、敏達天皇との間の子である竹田皇子《たけだのみこ》の墓に葬ってほしい、というものであった。平成十二年（二〇〇〇）、橿原市五条野町《ごじょうのちょう》の植山《うえやま》古墳の調査で二つの横穴式石室があることが確認され、推古天皇と竹田皇子の墓と推定された。五条野という地名は、もともと「ゴリョウノ」（御陵野）に由来するものであろう。

Ⅳ 舒明天皇と息長氏

菖蒲（アヤメグサ）

18 香具山の国見

天皇の呪力を施す儀式

山は、日常の生活において、親しみを感じるランドマークである。そびえる山に語りかけ、寄り添いたいという気持ちになることもある。世界遺産の富士山もそうである。

世界山《せかいざん》という言葉がある。世界の中心にそびえる山という意味であるが、それぞれの宗教において、架空の山を想定し、宗教世界の中軸的存在として崇める。例えば、仏教の須弥山《しゅみせん》、道教の崑崙山《こんろんざん》の類《たぐ》いである。

架空の山でなくても、各地にある信仰の山も世界山とよんでよい。

飛鳥の場合、天の香具山が世界山である。穏やかな山容をして、威圧感がまったくないが、飛鳥を象徴する山である。

万葉歌に、「大和には　群山《むらやま》あれど　とりよろふ　天の香具山　登り立ち　国見をすれば　国原《くにはら》は　煙《けぶり》立ち立つ　海原《うなはら》は　鷗《かまめ》立ち立つ　うまし国そ　蜻蛉島《あきづしま》　大和の国は」（巻一―二）とうたわれる。「大和には多くの山があるが、とりわけ天の香具山に登って国見をすれば、国の原は煙が立ちのぼり、海には、カモメが飛び交い、この国はすばらしい国だ。大和の国は」というのが、歌のおおよその意味である。

この歌は、推古天皇のあと舒明天皇元年（六二九）に即位した舒明天皇の香具山での国見の

飛鳥の象徴的な山である天の香具山

歌として、収められている。天皇の自作ではないだろうが、『万葉集』の第一巻の二首目であることは、無視しがたい。一首目が、雄《ゆう》略《りゃく》天皇の野遊びの歌である。雄略天皇の御《おお》製歌《みうた》として『万葉集』の冒頭に掲げたのは、雄略朝をもって一つの政治的画期とみたからにほかならない。それと同様、二首目に舒明天皇の国見の歌を配したのは、やはり、重要な政治的節目であったからである。推古朝が終わり、天皇の宮は、はじめて、飛鳥の中枢部に営まれ、舒明天皇の宮は、飛鳥岡本宮《おかもとのみや》とよばれた。

　宮の真北に香具山が位置した。天皇の宮殿とその周辺は、天空のコピーと認識されたから、それに見合うように香具山は、天から降りたった山として、天の香具山とよばれた。その天の香具山でなされたという国見は、天皇の眼による呪力《じゅりょく》を国家領土に施す儀礼であった。

舒明朝は、これまで磯城《しき》・磐余《いわれ》といった今日の桜井市から飛鳥に進出した画期であった。天の香具山のことに触れたが、これまで考えてきたことがある。それは、もともと天から降ってきたという言い伝えのある香具山を北にみて宮殿を造ったのか、あるいは宮殿を造ったので、その北にある香具山を天から降った山とみなしたのかという問題である。

前者ならば天の香具山の伝承がずいぶん以前からあったと解されるが、後者ならば権力者によって創られたという恣意《しい》性を思ってしまう。記紀神話も、はるか昔から伝わっている物語としてのロマンを感じるのか、あるいは創作されたものか、十分に注意して読み取らねばならないだろう。

19　重なる宮跡

家系意識がはたらく?

天皇のことについて述べると、宮のことと関わらざるをえない。「ミヤ」というのは、語源的に、どのような意味であるか。「ミ」は霊力、「ヤ」は屋であるとして、「ミヤ」は霊のこもる建物という説がある。ただし、天皇の宮という場合、「ミ」の意味が、霊ではなく、単に敬称の接頭語として使われていることも考えられよう。別の例として「神宮」を取り上げてみよう。「カミノミヤ」あるいは「カミツミヤ」と読むのだが、「神霊を祀る建物」のことをいう。伊勢神宮という場合、皇祖の御霊をお祀りするからである。このことに考えをめぐらすと、天皇の宮は「天皇霊の建物」とも解される。

舒明天皇がはじめて飛鳥の中枢部に宮を置くまで、飛鳥には天皇の宮がなかった。先にみたように、推古天皇は豊浦宮と小墾田宮を営んだが、厳密には、飛鳥ではない。飛鳥寺は、宗教的な聖なる施設であるが、天皇の宮は、飛鳥に造ることができなかったのだろうか。そうではないと、私は思う。

豊浦、小墾田も蘇我稲目の家があったので、女性である推古天皇は、母方の親戚にあたる、いわゆる外戚である蘇我稲目の実家の近くに天皇の宮を置くことになったとも考えられる。

舒明天皇より前の代の天皇の宮は、大和の中であちこちに転々としていた。それが、舒明天

伝飛鳥板蓋宮跡。実際の石敷きの遺構は、飛鳥浄御原宮跡の復原

皇の飛鳥岡本宮以降、皇極《こうぎょく》天皇の飛鳥板蓋宮《いたぶきのみや》、斉明《さいめい》天皇の後《のちの》飛鳥岡本宮、天武天皇の飛鳥浄御原宮《きよみがはらのみや》というように、ほぼ先代の天皇の宮の土地に重なるように、宮が造られた。

舒明天皇より前の天皇の宮が代替わりするたびに、あちこちに移ったのはなぜだろうか。前代天皇の穢れをさけるためという説もあるが、確かなことではない。

飛鳥を歩いて石敷きの伝《でん》飛鳥板蓋宮跡のところに行く。飛鳥で唯一、かつての宮の形の一部が復原されている遺構である。実際は、石敷きの遺跡は、天武天皇の飛鳥浄御原宮跡だが、このあたりに宮が重なりあって造られたのは、なぜだろうか。前代の天皇の宮を壊しはしたが、飛鳥という土地がもつ聖性をともなう天皇霊を父母、子どもによって継受するという家系意識、つまり舒明天皇―皇極（斉明）天皇―天武天皇へとつながる意識がはたらいたのかもしれない。

飛鳥の宮が天皇の代ごとにかわることと類似しているかどうか容易にいえないが、伊勢神宮の遷宮や奈良春日《かすが》大社の御造替などのように、木造建築の耐久性の問題も関連しているという視点からみることもできよう。

20 忍坂の山

息長氏の大和の拠点

再び、山のことに触れておきたい。カムナビ（甘南備）の山という言葉は、よく、古典などに出てくる。神が降りてくるところ、あるいは、神が鎮座している山や森などをいう。山の形が円錐《えんすい》形というか、頂が尖《とが》っている場合が多い。各地にあるが、大和の三輪山などその典型である。飛鳥のカムナビをよんだ万葉歌もいくつかある。それについては、いずれ取り上げることになるが、ここでは三輪山の、初瀬川をはさんで南に位置する外鎌山《とがまやま》のことについて、述べる。桜井市忍阪《おっさか》にあり、もともとは忍坂山《おさかやま》とよばれ、標高は二百九十二・五メートル。今は北西麓が住宅開発で斜面が削られたが、それまでは、均整のとれたカムナビの山の形をしていた。

この山の南西の麓に宮内庁が定める舒明天皇陵がある。今は、形が崩れているが、原形は八角形をしていた墳墓であった。飛鳥時代の事例からみて、八角形墳は、天皇の陵墓と考えられる。場所から判断しても、『日本書紀』にいう舒明天皇を埋葬した押坂 陵《おさかのみささぎ》（平安時代の十世紀の前半に成立した、律令《りつりょう》の施行細則を集大成した法典である『延喜式《えんぎしき》』の陵墓一覧には押坂内陵《おさかのうちのみささぎ》）とみてよいであろう。現地では、忍阪段《だん》ノ塚《づか》とよばれている。

この忍阪の地は、近江《おうみ》の坂田《さかた》郡（現在の滋賀県米原《まいばら》市とその周辺）を本拠地としていた息長《おきなが》氏の大和における拠点であった。

忍坂山の遠望。この一帯が息長氏の拠点だった

舒明天皇が死去したときの殯《もがりの》宮《みや》で、息長山田公《やまだのきみ》が誄《しのびごと》（弔辞）を述べ、和風の諡《おくりな》を息長足日広《おきながたらしひひろ》額天皇《ぬかのすめらみこと》と称されたことからも、息長氏の血統であることは、いうまでもない。

推古女帝が病床で、後継を田村皇子（舒明天皇）と示唆したのは、皇子と蘇我馬子の娘法提郎媛の間に古人大兄が生まれていて、蘇我氏側に、皇位が戻る可能性があったからでもある。そのことについては、すでに述べたが、話の筋道はそのとおりにはいかなかった。

舒明天皇の皇后で、皇極《こうぎょく》天皇として即位した宝皇女《たからのひめみこ》も息長氏の系譜に連なる。天皇と皇后の間に生まれた中大兄（後の天智天皇）と古人大兄の皇位争いが激化することを恐れたために、皇后の即位によって沈静化するという中継ぎ的な意味があった。

21 百済大寺

他国の名を冠する意味は

私が、飛鳥とその周辺について考えるときに、舒明天皇の百済大宮《くだらのおおみや》と百済大寺《くだらのおおでら》という宮と寺の名前に、ひっかかる。百済という地名のところに宮と寺を造ったといえば、それまでである。そうであったとしても、宮と大寺＝官寺に他国の名前をつけるのは、何か意味があるのではないか。

田村皇子は、舒明天皇元年（六二九）に即位する。即位した宮は、わからないが、翌二年に飛鳥の岡のほとりに遷り、宮を岡本宮とよんだ。いわゆる飛鳥岡本宮である。ところが舒明天皇八年六月、飛鳥岡本宮が火災にあい、田中宮《たなかのみや》に遷った。

舒明天皇十一年（六三九）、天皇は、百済大宮と百済大寺を造ることを企図した。『日本書紀』の記事は、「百済川《くだらがわ》のほとりを宮どころとする。西の民は宮を造り、東の民は寺を造る」とある。この文のままに読めば、百済川のほとりに宮が造られたが、大寺と川の地理的関係については、述べていない。だが、両者は近くにあったような印象をもつ。西と東の民については、後の皇極天皇元年（六四二）九月条に「大寺の建造は、引き続いてなされ、近江と越《こし》の者に従事させる」とあるので、西国と東国の人々という意味である。百済川がどこを流れていたかは、不明である。

百済大寺跡とされる桜井市西部の吉備池

百済大宮と百済大寺の所在地は、明らかではなかったが、平成九年（一九九七）、桜井市の吉備《きび》池《いけ》廃寺の発掘によって、百済大寺の可能性が高いと発表された。

金堂《こんどう》の基壇が大きいので、天皇や朝廷に関わった寺と推定され、出土した瓦《かわら》の製造時期が六四〇年ごろとみられるうえに、出土した瓦が少ないことから、別の場所に移築されたと考えられるなどが百済大寺とする理由とされた。

百済大寺は、高市大寺《たけちのおおでら》、大官大寺《だいかんだいじ》、平城京の大安寺《だいあんじ》と寺名を変え、場所を転々として、法灯を継いでいった。もう一度問うが大寺＝官寺であるにもかかわらず、なぜ「百済」大寺なのか。確かに、百済大宮が百済川のほとりに造られたから、地名との関係はあったのであろう。しかし、なぜ他国の名が宮と官寺の名とされたのか。当時の日本の、百済と強い一体感をもつ政治的、文化的状況を想定しなければならない。

当時の日本国を構成していた人々の中で、とりわけ百済から渡来した人が多かったこと、さらにそのことが天皇に連なる集団にも影響があったことは、十分に考えねばならないテーマである。

皇極女帝が天仰ぎ祈雨

飛鳥川をさかのぼって、いわゆる奥飛鳥に向かうと、皇極女帝のことを思わずにはいられない。

皇極天皇は舒明天皇の皇后であったが、後継天皇として、皇極天皇元年（六四二）に即位した。即位の理由については先に述べたが、蘇我蝦夷・入鹿の無謀な行動に、女帝がどれだけ政治的な力を発揮できたかは、入鹿によって聖徳太子の子山背大兄王を自殺に追いやる事件などを取り上げても疑わしい。だが、女帝皇極が大臣蘇我蝦夷に真正面からぶつかった出来事があった。

皇極天皇が即位した年は、強い日照りが続いた。村々に雨乞いの祭りをさせたが、効き目がなかった。そこで大臣は、百済大寺の南の庭に菩薩像と四天王の像を置き、多くの僧侶に大雲経などの経典を読ませた。そのとき、大臣は香炉を手にもって、香をたき、願をかけたが、小雨が降っただけで、祈りはかなわず、読経をやめた。

そこで、天皇は南淵（今の明日香村稲渕）の川のほとりに行幸し、ひざまずいて四方を拝んだ。そして天を仰いで祈ったところ、雷鳴がとどろき、大雨が降ってきた。雨は、五日間も降り続き、天下を潤した。人々は、喜び「至徳の天皇」と言ったという。

皇極天皇の雨乞いの祈りを思い出させる奥飛鳥の稲渕の風景

皇極天皇の雨乞いの祈りが、まことに天に通じたかどうかは、確かめようがないが、祈りのしぐさは、四方拝《しほうはい》である。もともと中国の道教でなされていた災厄から身を守る祭儀である。平安時代に清涼殿《せいりょうでん》でなされたという史料はあるが、奈良時代にも行われていたと思われ、今日も元日の宮中における重要な儀式である。

皇極女帝の雨乞いの祈りから推測されるように、女帝は霊力をもつ巫女《みこ》のような存在ではなかったかというイメージが浮かぶ。

稲渕の集落の南に飛鳥川上坐宇須多伎比売命《あすかのかわかみにますうすたきひめのみこと》神社がある。女帝が雨乞いの祈りを捧げたのは、このあたりであろう。さらに南に進むと栢森《かやのもり》という集落に至る。東に式内社《しきないしゃ》加夜奈留美命《かやなるみのみこと》神社が鎮座する。さらに南へと向かうと、吉野に出る。

加夜奈留美命の神名は、出雲国造《いずものくにのみやつこ》が天皇の長寿・繁栄をことほぐ寿詞《よごと》である「出雲国造神賀詞《いずものくにのみやつこのかむよごと》」に出てくる。もともと出雲の神であったと思われる。

V 大化の政変

百合

23 大原の里

藤原鎌足の出身地か

権力は、地理的に東西対立として存在することが、よくある。

時代は、中臣鎌足《なかとみのかまたり》の出番を促していたようである。蘇我氏の傍若無人のふるまいに嫌悪感をもった鎌足は、クーデター決起の潮時を考えていたと思われる。

蘇我馬子の時代が終わり、蝦夷が大臣《おおおみ》として権勢をふるっていた。蘇我蝦夷とその息子入鹿は、飛鳥の中枢部の西にある高台、甘樫の丘（甘檮《あまかし》の岡）に並べて家を建てて、大臣の家を上《うえ》の宮門《みかど》、入鹿の家を谷《はざま》の宮門《みかど》とよんだ。この場所から、皇極天皇の飛鳥板蓋宮の周辺の動向を見下ろすことができた。また、子どもたちを王子《みこ》と称し、まるで天皇家のようなふるまいをするなど傲慢《ごうまん》な行動をした。さらには、入鹿は、聖徳太子の子である山背大兄王を皇位に就かせないために、殺害するという暴挙をした。

中臣鎌足は、政治の状況が暗転しつつあることを、苦々しくみつめていたと思われる。中臣鎌足は、後に、藤原《ふじわら》鎌足と名のった。

中臣氏は、宮廷の祭事・神事をつかさどる家柄である。にもかかわらず、鎌足は政治の世界に入っていく。もともと中臣であったが、藤原という姓を天智天皇八年（六六九）に授かった。出身地の地名によるらしい。この藤原という姓が、後の持統《じとう》天皇が飛鳥から遷った藤原宮《ふじわらのみや》と

明日香村小原あたり、かつての大原の里。大織冠（藤原）鎌足の誕生地を伝える

関係するかどうかという議論がある。

藤原氏の代々のことを記した『藤氏家伝《とうしかでん》』（八世紀半ばごろ成立）には、鎌足は高市《たけち》郡の人で、藤原の第《てい》に生まれたとある。

天武天皇が藤原夫人《ぶにん》（鎌足の娘、藤原五百重娘《ふじわらのいおえのいらつめ》）に贈った歌に「わが里に大雪降れり大原《おおはら》の古《ふ》りにし里に降らまくは後《のち》」（『万葉集』巻二―一〇三）（私の里に大雪が降ったぞ。あなたのいる大原〔現在の明日香村小原《おはら》〕の古めいた里には、後から降るだろう）とよまれている。藤原夫人が大原に住んでいたというので、藤原は大原の地名とみてよいであろう。藤原宮の「藤原」とは、異なる。とすれば、鎌足は東に、蘇我氏は西にいて、対立の姿勢を鮮明にして、歴史の歯車をいかに動かすか、戦略を練る日々を送っていたのだ。

24 甘樫の丘

神意を問うた霊的な地

蘇我蝦夷・入鹿の親子が居を構えた甘樫の丘は、飛鳥時代以前から、霊的な空気が漂う地であったらしい。今はそのような気配を感じない。

「アマカシ」という地名は、どういう意味かについて、考えてみよう。

次のような、地形に由来するという説がある。「アマカシ」は、「アマガセ」のこと。「マガセ」は、飛鳥川が曲流する早瀬の箇所で「曲瀬」とみて、アは接頭語で「ア＋マガセ」が「アマカシ」と発音されるようになったという。

『古事記』の垂仁《すいにん》天皇段には、次のようなことが語られている。天皇の夢に神があらわれて、言葉を発することができない本牟智和気御子《ほむちわけのみこ》が言葉を自由に言えるようになるには、出雲の大神の宮を天皇の宮殿のように整備せよと言った。

そこで曙立王《あけたつのみこ》という人物を出雲の神の参拝に行く御子に従わせることにしたが、出雲の神を拝むことによってよい結果が出るかどうかを曙立王に誓約《うけい》させることにした。うけいとは、神意が正しいかどうかをうかがう占いである。そこで、甜白檮《あまかし》の前《さき》にある葉広熊白檮《はびろくまかし》に「神意が事実ならば、枯れよ」と言ったところ、枯れて落ちた。また、「事実ならば、生き返れ」と言うと、よみがえった。

甘樫の丘

さらに、允恭《いんぎょう》天皇段の記事をあげてみよう。天皇は、天下の人々の氏や姓が間違って名のられているというので、味白檮《あまかし》の言《こと》八十《やそ》禍津日《まがつひ》の前に、玖訶瓮《くかへ》を据えて、氏姓を正しく定めたという。

允恭天皇段の記事を解説しておく。味白檮の言八十禍津日とは、噓《うそ》をついたならばわざわいを科する神のことで、その前に玖訶瓮を置くという。玖訶瓮とは、神に誓って噓をつかないといって、熱湯の入っている甕《かめ》に手を入れて、ただれるかどうかで正邪を判定する盟神探湯《くがたち》という神判に使う甕のことである。

甘樫の丘の山麓に鎮座する甘樫《あまかし》坐《にいます》神社では、毎年この神事が行われている。

垂仁天皇段、允恭天皇段いずれも「白檮」という表記がある。「アマ」は、すばらしいという美称とすれば、「アマカシ」はシラカシというカシの一種に由来する地名であろう。

25 蓮の花と百合

鎌足と皇子の結束示す

人間は、どうして愚かなのかと思うときが、しばしばある。むろん私自身を含めてであることはいうまでもない。「人間という病」と名づけたくなる。蘇我氏も、例外ではなかった。

皇極天皇三年（六四四）六月、剣池《つるぎのいけ》（橿原市石川町《いしかわちょう》）に咲いている蓮《はす》の花に、一本の茎に二つの萼《はなぶさ》が出ているのがあり、それをみた蘇我蝦夷は「これは蘇我臣が栄えるめでたいしるしだ」と勝手に解釈して、剣池でそれを描き飛鳥寺の丈六《じょうろく》（一丈六尺。約四・八メートル）の仏に献上した。

蘇我蝦夷の絶頂の時代である。「人間という病」に最も罹《かか》りやすい時期であった。

仏教において蓮の花は、泥の中に咲いても、煩悩《ぼんのう》（身と心を乱し正しい判断をさまたげる心の状態）から解脱《げだつ》して涅槃《ねはん》（苦しみから解放された安らぎの世界）の清浄の境地にあることのシンボルとされ、仏教経典にさまざまに表現されている。蝦夷にとって蓮の花は、栄華の象徴として目に映ったのである。

蓮の花の記事の前に、『日本書紀』は、大伴馬飼《うまかい》（長徳《ながとこ》とも）という人物が、百合《ゆり》の花を献上したと記している。その百合は、茎が長さ八尺（約二・五メートル弱）で、茎の根は別々なのに、上で一つに合わさっているという。奇妙な花であるが、並んで生えている二本の木が、枝の部分で一つにつながっているという連理《れんり》の枝の伝承のようにめでたいことを表すものであろう。しかし、それだけであろうか。この記事が前後の文脈と無関係で、独立したものか、それとも、これから起ころうとしている大化の政変を象徴的に暗示しているのか、読み取りにくい。

剣池（石川池）

この珍奇な百合を献じた大伴馬飼は、政変のあと、一時期、孝徳天皇の右大臣の地位にあった。孝徳天皇は軽皇子《かるのみこ》とよばれていたときから、藤原鎌足とは親しい関係にあったことから推考すると、大伴馬飼は、軽皇子か鎌足に従ってきた人物であろう。

百合に秘められた暗号は、鎌足と中大兄皇子の結束を示すものであったと読み取れる。『日本書紀』は、めずらしい百合と蓮の花を並べてみせたのにちがいない。

26 槻の木

政治を動かす中心地

藤原鎌足に関して「藤原」という地名について述べた。植物のフジは、長寿でめでたい木とされる。だからこそ、藤原宮という宮の名前にもなったのであろう。『万葉集』の藤原宮の御井《みい》の歌に「荒栲《あらたえ》の　藤井が原に　大御門《おおみかど》　始めたまひて」（巻一―五二）とよまれている。荒栲とは、繊維の粗い布のことで、地名の「藤井」「藤原」などにかかる。藤原宮の「藤原」の由来は、藤井という井のあたりの原ということであろう。

大原の里（明日香村小原）を下りて飛鳥の真神原に出てきた鎌足は、たまたま飛鳥寺の西の槻《つき》の木のところにやってきた。そこで蹴鞠《けまり》をしていた中大兄皇子の脱げた沓《くつ》を、鎌足が拾ったのをきっかけに、二人は、蘇我氏追討で意気投合する。よく知られた話である。

飛鳥寺の西の槻の木あたりは、『日本書紀』に何度か登場する。話を先取りすることになるが、大化の改新、今は乙巳の変というが、その後即位した孝徳天皇は、皇極上皇、皇太子、群臣らを、槻の木の下に集めて、天皇を中心とした政治に忠誠と団結を誓わせている。あるいは、壬申の乱で、近江軍が、軍営を設け、天武・持統朝では、辺境の民をもてなしている。このような事例を拾い上げただけでも、この場所は、飛鳥の中心的な場所であるとみられる。そのため、槻の木広場と現在の研究者が名づけている。近年、飛鳥寺の西の発掘調査で、石敷き遺構が検出されている。

今日の飛鳥寺の西に、入鹿の首塚とよばれる五輪塔があって、それが、槻の木の跡ではないかという推測もなされている。もしかしたら、そうかもしれないと、私も思うことがある。

飛鳥寺の西にある入鹿の首塚

槻の木は、今日のケヤキであるが、落葉樹である。日本、特に西日本で、落葉樹が聖樹あるいは神樹として崇められるだろうかという疑問を抱く。ツバキやサカキなどの常緑樹が信仰の対象となるのは自然なことである。用明天皇の池辺双槻宮《いけのべのなみつきのみや》や斉明天皇の両槻《ふたつきの》宮《みや》など、槻の木が聖なる場所の標識となるのは、むしろ、朝鮮半島の落葉樹文化によるのではないかと、私は、以前から考えている。

槻の木について『古事記』の雄略天皇段に、三重《みえ》の采女《うねめ》が天皇に捧げた酒の杯に槻の葉が浮かぶという失態をしたが、采女の機転で許されたという歌をのせ、その後に皇后の椿をよんだ歌をあげている。植物に朝鮮半島と日本という文化を対照させているようである。

27 神の言葉とわざ歌

漂うクーデターの予兆

大化の改新というよりも、近年は乙巳の変とよばれることのほうが多いが、大化の政変でもよいかと、私は思う。政治的な変革に関する呼び名は、その実態によって、名称が変わる。いわゆる大化の改新のきっかけは、クーデターである。クーデターは、フランス語で「国家に対する一撃」を意味し、既存の政治体制を構成する一部の勢力が、権力の掌握のために非合法的に武力行使をすることであって、革命ではない。

クーデターの武力行使の鉄則は、相手側に察知されないで、奇襲することである。とはいえ、予兆のようなものが、漂うものである。

巫覡《かんなぎ》（神祭りをして神に仕える人）たちが、木の枝葉を折って、それに木綿《ゆう》（コウゾの繊維でつくった糸状のもの）をかけて、大臣の蝦夷が橋を渡るときを待って、先を争い、神妙な言葉を述べた。巫覡の人数が多いので、聞き取ることができなかったという。老人たちは、「時勢の風向きが変わる兆しである」と言った。

大臣の蝦夷は毎朝、甘檮の丘の自邸から天皇の宮に通ったはずである。橋を渡ったというから、飛鳥川にかかった橋であろう。そのときを待ちかまえて、多くの巫覡が、神の言葉のようなことを語り騒いでいるのである。

蘇我馬子の家があったあたり。明日香村島庄

その情景が蝦夷にみえないことはなく、奇妙な声が耳に入らないことはない。天下に異変の起こることを、感づかなかったとすれば、不思議である。みずからの政治的地位はゆるぎもしないと、悠然としていたのであろうか。とすれば、蝦夷は、権力に鋭い嗅覚《きゅうかく》をもっていたが、政治感覚は、鈍麻していたのかと思ってしまう。

飛鳥の界隈《かいわい》では、時の政治を批判し、変革の事件が起こるであろうという風刺をこめたわざ歌がうたわれていた。わざ歌は巫覡がうたったというが、それはシャーマンが神がかりになって発したものであろう。

その中の一首をあげる。

「遥遥《はろはろ》に　言《こと》そ聞《きこ》ゆる　嶋の藪原《やぶはら》」

歌意は、むこうのほうで話している声が聞こえるよ、嶋の藪原で、ということで、男女の語らいのようであるが、実は、中大兄皇子が、かつての馬子の嶋の家の隣に宮を建てて鎌足と密談したことをうたう。

28 大極殿

壮大な宇宙の中心

政治が権力を誇示する一つの方法は、豪壮な建物をもつことである。奈良の平城京に復原された大極殿《だいごくでん》は、古代の王権の権力を現代のわれわれにアピールしてあまりある。大極殿は、天皇の即位、元日の朝拝《ちょうはい》や外国の客人の謁見《えっけん》などに天皇が出御《しゅつぎょ》するにすぎない。今風の経済学的な視点からいえば、稼働率の低い建造物であるが、政治的には、その存在感は重い。

大極殿の「極」は、中国の道教という宗教において宇宙の中心にある北極星の「極」に由来する。壮大な宇宙空間をモデルとする都城の中心性を象徴的に表現する。むしろその非日常性が存在感を示すといってよいであろう。

わが国において大極殿がいつごろから造られたかは、天皇という称号がいつから使われたかと関係がある。なぜかといえば、天皇という称号は、道教の最高神である北極星を象徴する天《てん》皇大帝《こうたいてい》の「天皇」を用いたと考えられるからである。

『日本書紀』に大極殿という漢字表記をみるのは、皇極天皇四年（六四五）の蘇我入鹿が誅殺《ちゅうさつ》されるクーデターの場面である。三韓からの貢物を受け取る儀式に皇極天皇は、飛鳥板蓋宮の大極殿に出御していたと記されている。その大極殿について「おおあんどの」と読みならわされてきた。漢字をあてるならば内裏の正殿《せいでん》である「大安殿」であるが大極殿と表記している。

藤原京の大極殿跡

ところが『日本書紀』の天武天皇紀では、大安殿、大極殿のいずれも「おおあんどの」と読ませている。

「おおあんどの」でも二つの漢字表記があることに不自然さは拭《ぬぐ》えないが、同名の別々の二つの建物があって、用途が異なっていたのであろうか。とすれば、皇極天皇紀の大極殿は、大安殿とは異なっていたという解釈ができる。

つまり、皇極朝には大極殿があり、制度化されていたかは問わないとして、天皇という称号が使用されていた可能性があるのだ。

なぜ、私が、そのことにこだわるかといえば「皇極」という諡《おくりな》から、天皇号がすでにあったことが考えられるからである。

飛鳥河辺行宮

我執を拭い切れず

戦争や喧嘩《けんか》がこの世の中からなくならないのは、なぜか、と自問する。いつも答えは、我《が》執《しゅう》である。自分の考えにとらわれて、そこから離れられない心である。歴史書をひもとくとほとんどが我執で埋めつくされている。

今では乙巳の変とよばれる大化の改新という政変劇も、中大兄皇子側に正義があるように語られるが、後の皇子の行動を追っていくとやはり自分にとらわれた我執がみえてしまう。

皇極天皇四年（六四五）、皇極女帝は、退いて孝徳天皇に皇位を譲る。孝徳天皇は、皇極天皇の同母弟である。都は飛鳥を離れて、難波に置いた。難波長柄豊碕宮《なにわのながらのとよさきのみや》である。考古学の発掘調査によって、年代的に前期難波宮と後期難波宮に遺構が区別されているが、孝徳天皇の宮は前期難波宮にあたる。後の宮の原型となる整然とした建物の配置がなされた。新しい時代のはじまりを予感させる宮であった。ところが天皇の意に反して、皇太子中大兄皇子は飛鳥に京を戻したいという。天皇は拒否した。

両者の意見の違いがどこにあるのか。外交路線の対立と説かれることもあるが、『日本書紀』の記述は、それについてはっきりと語っていない。現代のわれわれが思うのは、双方に譲れない我執があったからということにすぎない。

「飛鳥稲淵宮殿跡」の碑

あえて、中大兄皇子の心の奥を探れば、クーデターを実行したのは、中臣（藤原）鎌足と自分であり、皇極天皇も皇子の即位を詔《みことのり》で指名した。皇子は鎌足に相談したところ、年上の軽皇子（孝徳天皇）が皇位を継承することを進言した。『日本書紀』は、中大兄皇子が納得したように述べているが、命をかけてクーデターを決行したのは、自分ではないかという気持ちを拭い去ることはできなかった。そこで中大兄皇子は、皇祖母尊《すめみおやのみこと》（皇極上皇）と間人皇后《はしひとのきさき》、さらに大海人皇子や官人らを率いて、倭飛鳥河辺行宮《やまとのあすかのかわらのかりみや》（飛鳥稲淵宮殿）に入った。

古代史は、皇位継承をめぐる我執がテーマになりやすいが、現代でも人事に関わる問題に人々の心がとらわれることは、よくある。

VI 斉明天皇と水の祭祀

槻

30 多武峯の天宮
不老長生の仙人の居所

山は、晴れた日なら毎日目に入る風景である。親しい景色といってよい。だから、校歌に山がよまれることが少なくない。ふるさとに帰ってきたときも山をながめて感慨深くなるものだ。山の風景は、それほどわれわれの肉体の一部になっている。

奈良盆地の四周の山々をながめていると、なんとなく、日本人の原郷を感じさせる。奈良盆地からみる山は歴史の重みを背負っているといってもよい。『古事記』では、ヤマトタケルの歌とするが、倭《やまと》の青山で囲まれている土地柄を国のまほろば（すぐれたところ）とよんでいる。

飛鳥の中心部から、東に多武峯《とうのみね》という山がみえる。『日本書紀』の斉明《さいめい》天皇二年（六五六）条に、この山の頂に垣をめぐらし、頂上の、二つの槻の木（ケヤキ）のあたりに、観《たかどの》を建てたという。観とは、中国で生まれた道教の寺院のことで、正式には道観《どうかん》とよばれる。その観は、両槻宮、またの名を天宮《あまつみや》とよばれた。天宮とは、不老長生《ふろうちょうせい》の仙人が住まう天上の宮殿をいう。これによっても、斉明女帝が道教に傾倒していたことを知ることができる。

同じ年に天皇は、吉野宮《よしののみや》も造っている。場所は、発掘調査の結果に従えば吉野《よしの》町《ちょう》宮滝《みやたき》あたりである。古代の吉野は、仙人たちの住む神仙郷と見立てられていた。奈良時代に編まれた漢詩集『懐風藻《かいふうそう》』には、吉野の神仙郷をよんだ詩が収められている。この吉野宮も道観であった可能性がある。万葉歌に「高殿《たかどの》を高知《たかし》りまして」（巻一―三八）とうたわれているが、高い宮殿があったという。高殿が吉野宮のランドマークであったらしいが、中国前漢《ぜんかん》の司馬遷《しばせん》著の『史記《しき》』に仙人は高いところを好むとあり、高い宮殿は、それに応じた建造物であったと思われる。

斉明朝のあとも『日本書紀』に持統天皇が多武峯に行幸したとあり、大宝《たいほう》二年（七〇二）には、両槻宮を修理したと『続日本紀《しょくにほんぎ》』にある。

多武峯に天宮を造ったのは、斉明天皇の宮である後飛鳥岡本宮の近くにみえる多武峯が、仙人の居所に見立てられる高いところであったからだろう。多武峯の談山《たんざん》神社は藤原鎌足を祀る。鎌足の冠位にちなんで大織冠社《たいしょくかんしゃ》ともよばれ、江戸時代までは多武峯寺と一体であった。

多武峯からはるか離れるが出雲大社の神殿は平安時代には高さ四十八メートルあったという。日本の神社には類似の例がないが、私は道観であった可能性を考えている。とすれば当然ながら祭神についても十分な検討が必要となろう。

多武峯遠望

31 酒船石

水を流す祭祀に使う

古代のみならず、歴史は謎がつきまとう。人は、その謎を解くことに、快楽を求める。歴史もそうだが、日常生活でも、人の噂《うわさ》に、謎がつきまとう。どうして、彼があんなに早く仕事ができるのかは謎だ、という具合に、大げさにいえば、自分以外のことは、すべて謎めいているのだ。考えてみれば、われわれの生活は謎だらけなのだ。

飛鳥にも、多くの謎がある。飛鳥を歩く楽しみの一つは謎解きである。なかでも、いろいろな石造物の意味が謎めいている。まず酒船石《さかふねいし》について考えてみたい。酒船石は、明日香村岡《おか》の東にある丘の上にある。緩やかな斜面を少し登ると、約五メートルの長さの花崗岩《かこうがん》があり、その表面に円形状の形や数本の直線を組み合わせた文様が彫られている。

酒船石という名には、濁り酒を流して清酒にして、近くの飛鳥坐《あすかにいます》神社に供えたのではないかという、由来伝承もあるが、本来、酒槽《さかぶね》は酒を入れておく木製の樽《たる》のことをいう。いずれにしても、酒と関係する石造物ではないだろう。

かつて松本清張《まつもとせいちょう》は、『火の路《みち》』という作品で、この酒船石を、古代ペルシャのゾロアスター教と関連づける自説を展開した。それぞれの思い込みの歴史があってよいのと同じように、酒船石についてもそれぞれの解釈があってよい。これまでも、占星台説、砂金や辰砂《しんしゃ》を採取する

謎めいた文様のある酒船石

施設、曲水《きょくすい》の宴にまつわる道具とみる説も出されてきた。

私は、この酒船石は、円形状の窪《くぼ》みや溝状の彫り込みからみて、水を流す祭祀《さいし》に使われたのではないかと、推考する。ただ、この酒船石単体だけではなく、かつて飛鳥川の川岸から発見された、よく似た二体の石造物と、酒船石の東方から出土した溝を彫った十六個の加工石をつないだ約十五メートルの石樋《いしどい》から構成される施設とする説に関心をもつ。

水を流す祭祀という解釈は、それを目にした人ならば、思いつくことであるが、それならば、なぜ、水の祭祀がなされたかという問題に、論を進めなければならない。八四ページで述べるように、飛鳥を息長氏の宗教観にしたがって水の王朝とすれば、おのずと水に関わる儀式がなされたのではないかと思われる。

32 ユーモラスな亀石
川原寺の塔の心礎説も

日本人には、験《げん》を担ぐ人が少なくない。例えば、その日がよい日であるようにと、家を出るときには右足から踏み出すとか、受験の前には「すべる」という言葉を使わないという類いである。そのようなことを鼻で笑う人と、まじめに守る人がいる。近代科学にすべてを委ねる人は、前者であるが、後者の人にも言い分がある。強く念じて験を担ぐことによって、よいことが起こるエネルギーが体内に満ちるとすれば、近代科学は、まだ、それを突き止めていないというのだ。

古代の亀は、よいことが起こるためにと、よく登場する。霊亀《れいき》、神亀《じんき》、宝亀《ほうき》などの元号が、そのことを物語る。亀が縁起がよい動物とされるのは、中国の道教において、長寿の象徴とされるからである。

飛鳥には、二つの亀がいる。一つは、川原寺《かわらでら》の南西方にある亀石《かめいし》である。もう一つは、酒船石の近くで、平成十二年（二〇〇〇）に出土した亀形石造物である。後者の亀が発見されるまでは、飛鳥の亀といえば、前者の亀石のことであった。

見るからに、ユーモラスというか、人なつっこい表情が石に彫られたこの亀は、どんな目的で、その場にいるか、今に至っても、よくわからない。飛鳥の宮や飛鳥寺があった、狭義の飛

川原寺の南西方にある亀石

鳥の境を示す、いわゆる結界石《けっかいせき》とか、川原寺の範囲を区画する牓示石《ぼうじせき》であるとか、いろいろな見解がある。問題なのは、この亀石が製作された年代がわからないことだが、とりあえずは、飛鳥時代のものとする前提で、論じられている。

石彫の技法が、檜隈墓《ひのくまのはか》(吉備姫王《きびつひめのおおきみ》墓)にある猿石《さるいし》のものと似ていることや、飛鳥時代のものとする石造物があちこちに散在することから、亀石も同時代の製作とみなされているにすぎない。

亀石は西南方を向いているが、西面すると世界は泥の海につかってしまうという古来の伝承がある。堅牢《けんろう》な甲羅をしているから、東アジア各地に、背に石碑を載せる亀趺《きふ》とよばれる台座がある。そのことから連想して、川原寺の塔の心礎の未完成品ではないかという興味深い説がある。

33 水の祭祀の亀形石造物

多武峯の天宮と一体か

地球の水は、人間にとって根源的な物質である。火星に水がある、いや水はないという大きな仮説で議論が展開している。飛鳥と水の関わりも思想性をもつ。日本の歴史学も、仮説を設定して、検証する方法にもっと関心をもってよいと思う。

酒船石の近くで平成十二年（二〇〇〇）に亀形石造物が発見された。「飛鳥でカメが見つかった」という連絡があった。「カメ」は「瓮」のことであろう、飛鳥で出土してもおかしくないと思ったが、動物の亀だというので、早速飛鳥に駆けつけた。

正直、仰天した。これまでの飛鳥での発掘でも、大発見の一つとしてよいと思ったほどであった。

湧泉《ゆうせん》から出た水が、樋《とい》を通り小判形の水槽に入り、それが亀の口に入り、直径二メートルぐらいの円形の亀の胴体部にたまり、尾の部分から流れ出る仕組みである。それだけではない。亀形石造物の左右に、階段状に石が積まれ、まるでローマの円形劇場を小さくしたような施設が造られている。祭壇ではないか。誰がみても、水に関わる祭祀遺跡としか考えられない。

この遺構は、どのような目的に使われたのかという疑問については、早急に答えが見つかるものではない。諸氏の説があるが、私の腑に落ちるものはない。だが、私の脳裡《のうり》に浮かんだのは、先に述べた多武峯の天宮である。仙人が住む宮殿に擬《ぎ》して斉明天皇が造った道教の寺にあたる観である。亀形石造物を中心とする遺構の年代も斉明朝にさかのぼる。両者は、一体とみることができないか。

道教思想に関係する亀形石造物

亀は仙人の住む蓬萊山《ほうらいさん》を背負うという。中国古代の楚《そ》の国の屈原《くつげん》らの詩を集めた『楚辞《そじ》』（「天問《てんもん》」）に「大亀が山を背負い手を打って舞うというのに、どうして蓬萊山を無事落とさずにいられるのか……」（目加田誠訳）とうたわれている。

亀形石造物は、このように亀と、蓬萊山と見立てることができる多武峯の天宮とをセットにしてその意味が解明できる。

道教思想を抜きにしてこの遺構の解釈はできない。水については、八四ページで述べてみたい。

34 斉明天皇と運河

石上山の石にこだわり

人間の行動において、合理性を基準とするか、それとも非合理性に重きを置くかは、状況によって異なる。現代の人間が古代の出来事を解釈するとき、合理的な説明を優先させがちだが、そのことで、古代がみえたかどうかは、わからない。逆に、古代の人々の判断が、近代的な合理性に反しない場合もある。

斉明天皇は、土木工事を好んだという。なかでも北の石上山《いそのかみやま》（天理市《てんり》）から香具山の西に通じる運河を開削したという。その運河で、二百艘《そう》の船に石上山の石を載せて飛鳥へと運び、宮殿の東に垣を築いたと『日本書紀』は記す。

この大事業は、人々の謗《そし》りを受け、運河は「狂心《たぶれこころ》の渠《みぞ》」とよばれた。この事業に多くの労力を浪費し、宮殿の東の垣も、崩れるであろうと、非難された。

この場合、労力の浪費は、財政上、合理的な指摘として、現代人も理解できる。それでは、飛鳥から約八キロ離れた場所の石材を求めた理由は何か。合理的な説明は、その地の石は天理砂岩とよばれ、レンガ状に加工しやすいというものだ。

それだけの理由だろうか。石上山という地名からみて、石上《いそのかみ》神宮から一キロ以上北に離れてはいるが、神宮の近くといえる。注意すべき記事が『日本書紀』垂仁天皇紀三十九年条に一

天理砂岩からなる宮の垣（レプリカ）

説としてある。五十瓊《いに》敷命《しきのみこと》が茅渟《ちぬ》（和泉《いずみ》地方）で剣一千口をつくり、忍坂邑《おしさかのむら》に納めたが、後に石上神宮に移したとある。忍坂は、桜井市の地名忍阪《おっさか》として今もある。大和における息長氏の拠点であるが、忍坂と石上神宮と、何らかのつながりがあることを示唆する。

息長氏は、近江の坂田郡（滋賀県米原市とその周辺）を本拠地として、大和に進出してきた氏族である。そして、舒明天皇とその皇后であった斉明（皇極）天皇は、いずれも息長氏と系譜的につながる。

以上のように、石上神宮は、息長氏とゆかりがあるといえる。そのことが、斉明天皇が石上山の石にこだわった理由かもしれない。建築材とは無関係の非合理的な視点から、飛鳥の天理砂岩を語ることもできる。

35 水の信仰

琵琶湖の水を神聖視

この国にとって水は、生命の根源として認識されてきた。水稲栽培が、農業の基盤であることによる。しかし、水に対する思いはただそれだけではない。万物の原初として水を位置づける思想的普遍性の次元にも目をやらねばならない。

古代ギリシャの哲学者タレスは、万物の原理を水に求めた。儒教は天・地・人をもって世界を構成する要素とするが、道教では、天・地・水となる。

飛鳥を水の都、私は水の王朝というが、水の意味を探らねばならない。飛鳥の王朝と関わった息長氏が水の信仰をもたらした可能性がある。

ここでは、飛鳥の外に出て、息長氏の拠点であった近江を訪ねてみたい。息長氏は、近江の坂田郡、今の滋賀県米原市の周辺に勢力をもつ豪族であった。そこから南の、近江富士とよばれる三上山《みかみさん》の伝承を『古事記』開化《かいか》天皇段では、「日子坐《ひこいます》の王《おおきみ》（開化天皇皇子）が近つ淡海《あふみ》（近江）の御上《みかみ》（三上）の祝《はふり》（神職）が祀るアメノミカゲ（天之御影）の神の娘、息長のミヅヨリヒメ（水依比売）を娶《めと》る」とある。アメノミカゲの神とは、天上の神霊の神のことで、ミヅヨリヒメとは、水の霊の寄りつく巫女という意味である。このように息長氏は、水霊信仰と関係する氏族である。

近江の三上山。息長氏の水の信仰に関係する

おそらく、水霊信仰は琵琶湖《びわこ》の水を神聖視するものであろう。この琵琶湖の水霊を祀る息長氏の系譜が、舒明天皇・皇極天皇にはじまる飛鳥の水の王朝に関与したのである。

息長の意味は、何だろう。潜水漁法によって水中で長い息ができる人々の集団という解釈もなされたが、斉明天皇が不老長生にちなむ亀をつくることなどからも、道教と関連させると、息長とは、長生の意味であろうか。

もう一つの問いは、息長氏は渡来系であるかどうかである。史料的には解けないが、かつて福岡県の香春《かわら》神社に詣《もう》でたとき、祭神の一つに辛国息長大姫《からくにおきながおおひめ》大目命《おおまのみこと》が祀られていて、息長氏は渡来系ではないかとも思ったことがある。息長氏が渡来系ならば、古代王権論は、かなりの修正を余儀なくさせられる。

36 時と王権

規律正しく時間を支配

日本人は、昔から時間をきちんと守るのかと問われたら、私は、いささか戸惑う。かつて、「大和時間をなくそう」といったような垂れ幕が奈良県下の市役所や町村役場に懸けられていた光景を、記憶している。大和のみならず、他府県でも同様のことがあったと聞いている。どうも日本人は、時間厳守型ではないようだった。近年になって、時間を守るようになったのは、教育の効果もあるが、テレビの定時の番組をみる習慣が身についたせいかもしれないと、私は憶測する。

『日本書紀』の大化三年（六四七）条に難波の小郡宮《おごおりのみや》で次のように「礼法」を定めたと記す。「冠位をもつ官人は、かならず、寅《とら》の時（午前四時ごろ）までに南門の外に整列し、日がさしのぼるとともに朝廷にて天皇に再拝し、庁舎に入ること。遅参したものは、入廷することはできない。そのあと正午まで政務を執り、正午の鐘を聞いたら退庁せよ。その鐘をつく係の役人は、赤い頭巾《ずきん》を前に垂れ、鐘の台は中庭に建てよ」と。

乙巳の変（大化の改新のクーデター）のあと孝徳天皇は、宮を難波に遷すが、その宮で時を刻む方法はどのようにしていたかは、知られていない。しかし、時刻によって政務が管理されていたことを知る。つまり、王権は暦を支配するといわれるが、それは、時間を支配していたと

水落遺跡。漏剋遺構とみられている

もいえる。

『日本書紀』によると、孝徳天皇のあと即位した斉明天皇の時代、斉明天皇六年（六六〇）に、皇太子であった中大兄皇子は、漏剋《ろうこく》（刻）、すなわち水時計をつくったとある。

昭和四十七年（一九七二）と同五十六年（一九八一）の、飛鳥寺の北西方、飛鳥川の東の水落《みずおち》遺跡の調査で出土した、二つの木箱と三つの木樋《もくひ》と二つの銅管、さらに礎石などから、遺跡は漏剋である可能性があるとされた。今は復原模型がある。

万葉歌に「時守《ときもり》の打ちなす鼓《つづみ》数《よ》みみれば時にはなりぬ逢《あ》はなくも怪《あや》し」（時守の打ちならす鼓の数をかぞえていると、逢うときになった。それなのに逢わないのは不思議だ）（巻一一―二六四一）とうたわれている。時守は、時刻を鐘と鼓で周囲に知らせる役で、守辰丁《しゅしんちょう》とよばれた。

37 辺境の民

中華思想で王権の傘下に

南北に長く弧状に延びる日本列島は、東日本、西日本というように地域区分されることがある。現代でも、言葉のアクセントや料理の味付けなど文化的に異なる要素がある。

古代において、初期王権は、西日本を国家に組み入れたが、東日本は、王権と対立的な様相を呈していた。特に蝦夷《えみし》の王権に対する抵抗は強く、容易に服属しなかった。

斉明天皇五年（六五九）、阿倍比羅夫《あべのひらふ》が軍船百八十艘を率いて蝦夷を討った。今日の秋田あたりの蝦夷は、その様子を遠くからみていて、恐れて降伏を願ったという。翌六年には、甘樫の丘の近くに、石造物の須弥山（仏教世界の中心にそびえる山）を造り、陸奥《みちのく》と越《こし》の蝦夷をもてなした。蝦夷を饗応《きょうおう》する目的は、王権に服属させることにあったと思われる。

蝦夷の追討は、秋田からさらに北の津軽《つがる》にも及んだが、現地においても、もてなしをし、土地の神に船を一艘と五色の絹織物を供えて、王権の傘下に入れる儀式を行った。

斉明天皇五年の七月、遣唐使《けんとうし》が派遣されたが、そのさいに、陸奥の蝦夷男女二人を同行させ、唐の皇帝にみせるということをした。皇帝は、蝦夷を前にして、いくつかのことを尋ねた。「いく種類の蝦夷がいるのか」「蝦夷の国は五穀があるのか」「家屋があるのか」

皇帝は、質問を終えて遣唐使に、遠くから蝦夷を同行させた労をねぎらって、客館《かっかん》にて過ご

蝦夷らを饗応した石神遺跡

すように指示した。

なぜ、斉明天皇は、遣唐使に蝦夷を同行させたのであろうか。答えは明白である。唐の中華思想は国家の中央に文化の高い空間を置き、辺境に、文化の低い種族の居住地を配することによって、構成される。だから、華夷《かい》思想ともよばれる。「華」と「夷」があって中華思想は成立する。斉明天皇の倭国（日本）も中華思想を名のるには、王権の周縁に「夷」の空間がなければならなかった。斉明天皇が、蝦夷を唐の皇帝にみせたのは、ほかでもない、わが国も中華帝国であることを、皇帝に認めさせようとしたからであった。

中華思想を図で示すときは八方位をドーム状に八本の紘《おおつな》を張って作る構造をイメージする。「八紘一宇《はっこういちう》」という言葉はそのことをいう。もう一つ、「八荒」という言葉がある。これは八方位からなる世界の果ての荒れた土地という意味である。つまり「夷」の空間のことである。

38 権力者と情愛
変わらぬ肉親への思い

権力者とわれわれ一般人とは、常に距離を置いて位置するものである。その距離こそ、権力者の快楽を保証するものであろう。ところが、この距離がちぢまる場合がある。

庶民と変わらないではないかと思うのは、権力者が家族や友人に対し情愛の姿をみせるときである。

斉明女帝が土木工事を好んだ話は、すでに書いたが、そこにみる強い意志をもつ女性のイメージとは、まったく異なる人間性をうかがわせることがある。

斉明天皇四年（六五八）、孫の建王《たけるのみこ》（中大兄皇子の子）が八歳で亡くなり、天皇は群臣に、自分が死んだときは、陵に建王を合葬するように詔をした。そのとき、天皇は、「今城《いまき》なる小丘《おむれ》が上に　雲だにも　著《しる》くし立たば　何か嘆かむ」（今城の小さな丘の上にせめて雲だけでもはっきり浮かぶと、どうして嘆こうか）とうたった。

斉明天皇は、百済救援のために九州に出向いて遠征先で死去した。皇太子の中大兄皇子は、海路を天皇の亡骸《なきがら》とともに難波に向かう途中に停泊して、「君が目の　恋《こお》しきからに　泊《は》てて居て　かくや　恋ひむも　君が目を欲《ほ》り」（あなたの目が恋しく、船をとめて、このように恋しく、あなたの目をみたいのです）とうたった。

『日本書紀』天智称制《しょうせい》（天皇に即位せず、天皇の政務をする）六年（六六七）二月条に、斉明天皇と妹の間人皇女《はしひとのひめみこ》（舒明・斉明天皇の皇女）を、小市岡上陵《おちのおかのうえのみささぎ》（明日香村の南西に接する高取《たかとり》町《ちょう》に所在）に合葬し、娘の大田皇女《おおたのひめみこ》（中大兄皇子の娘・大海人皇子の妃）を陵の前の墓に葬ったと記す。翌三月、慌ただしく、近江に遷都する。

斉明天皇陵とみられる牽牛子塚古墳

　平成二十一年（二〇〇九）から翌年にかけて、明日香村越《こし》の牽牛子塚《けんごしづか》古墳の発掘調査が実施され、八角形古墳であることが確認された。斉明天皇と間人皇女の合葬墓であることが有力視されている。

『日本書紀』の大田皇女の墓の記事に符合するように、牽牛子塚古墳の南東二十メートルあたりで、横口式石槨《せっかく》の古墳が発見された。大田皇女の墳墓であるとする見方が強まり、「越塚御《こしつかご》門《もん》古墳」と命名された。斉明女帝をめぐる肉親の情愛を感じさせる一齣《ひとこま》である。

39 近江遷都

「宮都は畿内」の原則破る

主として日本列島、中国大陸、朝鮮半島からなる、東アジアの地政学的にからみあう複雑な状況は、現在に至るまで変わることはない。地理的にみると、中国大陸と朝鮮半島は陸続きであるが、日本列島は、海をはさんで両者から離れて位置する。この地理的配置を視野に入れなければ、東アジアの歴史は語れない。

斉明天皇が死去したあと、皇太子であった中大兄皇子は、即位せずにしばらく称制として執政した。時の東アジア情勢は、唐と新羅の同盟勢力が百済を占領するために攻勢をかけてきていた。それに応じて、日本（倭）は援軍を送っていたが、天智称制二年（六六三）には、二万七千人もの兵を、新羅に派遣したと『日本書紀』にいう。事実ならば、激烈な戦いが展開していたと想像できよう。

中大兄皇子は、当時、まだ四十歳に達していないが、国家の命運をかけて、軍事上の戦略を指揮しなければならない立場にあった。

母斉明天皇の遺体とともに飛鳥に帰った中大兄皇子は、埋葬前に仮に遺体を安置する、いわゆる殯《もがり》をした場所に近い飛鳥川原宮《あすかのかわらのみや》に滞在したか、あるいは、難波宮で、兵士派遣の状況を、視察していたかもしれない。

大津（近江）宮あたり

天智称制二年八月、日本・百済軍は、唐・新羅軍に、韓国の錦江《クムガン》の河口部である白村江《はくそんこう》で大敗する。中大兄皇子は、天智称制六年（六六七）に、宮を近江の大津《おおつ》に遷し翌年、即位する。なぜ宮を近江に遷したかについては、不明である。新羅が日本列島を侵攻するのを警戒し、飛鳥よりも大津が安全であると考えたとするのが、通説のように語られている。しかし、宮都は、畿内に置かねばならないとする原則に、かなっていない。

東アジア情勢と関連させると、日本側の軍事拠点を敦賀《つるが》に置く狙《ねら》いがあったのかもしれない。飛鳥―難波という軍事ラインを、大津―敦賀と設定しなおす意図があったとも考えられる。あるいは近江に百済系の渡来人が居住したことによるとみるのがよいかもしれない。天智天皇の長子大友皇子《おおとものみこ》は渡来系の大友氏と関係することは明らかであろう。

奈良時代になっても、近江遷都の理由はわからなかったらしい。万葉歌人柿本人麻呂《かきのもとのひとまろ》は、近江宮の跡に立って、ここに宮が置かれた意味を探りかねて「いかさまに　思ほしめせか」(何と思われたのか) とうたっている (巻一―二九)。

40 額田王

行幸に従い祈りの歌

日本語の語源を知ると、日本文化の由来に出会うことがある。しかし、諸説があって、本来の意味を探しあぐねることがある。古代の飛鳥に彩りを与える万葉歌は多くの人に親しまれているが、一体「うた（歌）」の語源は何か。一説に「ウタガヒ（疑）」のウタと同じで、気持ちをまっすぐに表現する意味、あるいは「訴ふ」行為、などとある。いずれにも魅《ひ》かれる思いがする。

万葉歌の歌姫と称される額田王《ぬかたのおおきみ》（姫王）を取り上げてみたい。鏡王《かがみのおおきみ》の娘といわれるが、鏡王の系譜が明らかではない。桜井市忍阪に舒明天皇陵があり、すでに述べたが、舒明天皇は母方が息長氏の系譜に連なる。この舒明陵の近くに鏡王女《かがみのおおきみのむすめ》の墓がある。『日本書紀』に天武天皇が鏡王の女額田姫王を娶ったとあるので、近年の直木孝次郎氏の著書では、鏡王女は額田王のこととみなすことができるという。とすると、憶測ではあるが額田王は、息長氏の系譜に連なるかもしれない。

額田王は、斉明天皇が百済援軍のために瀬戸内を進み伊予《いよ》の熟田津《にきたつ》に停泊した折に、斉明天皇の歌としてよんでいるように、斉明天皇の行幸に従う機会が少なくなかった。「熟田津に船乗りせむと月待てば　潮《しお》もかなひぬ　今は漕《こ》ぎ出《い》でな」（巻一―八）とうたうが、出港を宣

額田王が大和を去るときにうたった三輪山

言する歌ではなく、夜の神事とみる説がある。確かに、古代には夜、航海はしない。宮廷歌人として、天皇の行幸に従うのは、巫女的な存在であったからであろうか。

天智天皇が、白村江の戦いに敗れ、近江に宮を遷すとき、額田王は大和を去る惜別の歌をうたっている。「三輪山を　しかも隠すか　雲だにも　心あらなも　隠さふべしや」（巻一―一八）。三輪山に雲がかかってみえなくなってくる。雲だけにも、優しさがあって、三輪山を隠さないでほしいと。

神の山、三輪山をよんでいるのは、やはり額田王が神祭りに関わったからであろう。まっすぐな気持ちをこめた祈りが、額田王の歌の響きから聞き取れる。

Ⅶ 壬申の乱

黄葉

41 吉野の鮎

大海人皇子のたどった道

水を得た魚のよう、という言い方がある。自分に合った活躍の場を得て生き生きとしているさまをいう。今日の日本の若者には、水を得た魚のように生きる場が用意されているだろうか。

天智天皇十年（六七二）、天智天皇が死去し殯がなされたころ、三首のわざ歌（風刺する歌）がうたわれたが、その一首を次にあげる。

「み吉野の　吉野の鮎　鮎こそは　島傍《しまへ》も良き　え苦しゑ　水葱《なぎ》の下《もと》　芹《せり》の下　吾は苦しゑ」

歌の意味は「み吉野の鮎よ。鮎ならば島の近くにいるのがよいが、ああ苦しいよ、水葱や芹の下にいて、私は苦しいよ」というところであろう。

この歌は、吉野の鮎を大海人皇子にたとえ、島の近くの清流ならばよいが、ナギ（ミズアオイの古名）やセリが繁茂する琵琶湖の湿地帯にいるのが苦しいという意味と私は解する。先にみたようにこの歌もシャーマンによるものであろう。

大津宮において天智天皇のもとで皇太子であった大海人皇子にとって琵琶湖の水は合わなかった。皇位を継承できるものと思っていたが、天智天皇は、子の大友皇子を天皇とする決意を固めた。それを見抜いた大海人皇子は、大津宮を辞し、吉野にて仏道の修行をしたいと天皇に申し上げ、一路吉野に向かった。その大海人皇子の行動を、虎に翼をつけて放すようなものだと評した者がいたほど、反乱の空気がみなぎった。

『万葉集』に「天皇の御製歌《おおみうた》」として、「み吉野の　耳我《みみが》の嶺《みね》に　時なくそ　雪は降りける　間なくそ　雨は零《ふ》りける　その雪の　時なきが如《ごと》　その雨の　間なきが如　隈《くま》もおちず　思ひつつぞ来《こ》し　その山道を」（巻一―二五）という歌を収める。

吉野の神々しい山にいつも雪が降っていた。雨も降っていた。その雪や雨が降るように、絶えず思いながら、その山道をやってきた、とうたうが、類歌を改変したらしい。それにしても、大津から吉野に向かう大海人皇子の失意の境地を読み取ることができる。

飛鳥から吉野に向かう山道

石舞台古墳のある橘《たちばな》から、細い山道を通りぬけ、吉野川の岸に出、東に折れて、吉野宮に出るコースをたどったのであろう。

右の歌が、得意のときかあるいは失意のときによまれたものか、議論がかつてあった。歌は失意か、心が安らかでないときによまれることが多いと知人は断言した。『万葉集』の時代もその点から探るべきかもしれない。

42 乱の飛鳥

「劇場型戦争」だった?

大海人皇子（後の天武天皇）と大友皇子（天智天皇の皇子）との対立によって戦われた壬申の乱は、天下分け目の戦いとよばれることもある。だが、戦国時代のように、各地の武将たちが、広範囲に軍を組織して戦うというものではない。いってみれば、天皇家の権力争いである。

それぞれの軍勢に組み入れられた兵士たちは、軍事的な行動に従ったのはいうまでもないが、その一方で、乱にまったく無縁で、戦闘をただただ傍観していた農民なども大勢いたのではないだろうか。今風にいえば「劇場型戦争」のようなイメージを私はもつ。テレビで、日本からはるか遠くで起こっている戦争を、我関せずと観戦しているようなものである。それでよいというものではないが。

『日本書紀』は、壬申の乱の経緯を軍記物のように叙述している。乱において、朝廷は近江にあるが、飛鳥でのせめぎあいが戦局の焦点の一つになっている。大海人皇子、大友皇子双方にとって、飛鳥は王権を樹立した共通の父祖の土地である。戦いは飛鳥争奪戦の様相を呈している。実際、近江方は、飛鳥に留守司《るすのつかさ》を置いていたから、飛鳥はまぎれもなく近江方の土地である。大海人皇子側の拠点は、飛鳥にはなかったのが実態である。

次のような戦いの一齣がある。大伴吹負《ふけい》という大海人皇子側の武人がいた。吹負は病と称し

飛鳥寺西方の建物跡の発掘

て倭《やまと》の家にとどまり、近江方の留守司の坂上熊毛《さかのうえのくまけ》らに、自分は大和方の高市皇子《たけちのみこ》（天武天皇の皇子）と偽って、数十騎を率いて飛鳥寺の北の路より近江方の軍営に近づくから、大海人皇子方に寝返るようにと密約させた。

吹負の策略が的中し、槻の木の下に軍営を構えていた近江方を敗退に追いやった。この近江方の軍営とも推定できる遺構が、最近、発掘調査で出土した。飛鳥寺西門から西へ約八十メートルのところである。東西に並ぶ二棟の建物跡で、柱穴は浅く大きさや形状、柱の間隔にばらつきがあるので、短期間存在した仮設の建物の可能性があるという。そのことから、壬申の乱の軍営と考えられるのである。

43 乱と神武天皇陵

当時実在ならどこに?

帝国であれ王国であれ、あるいはいかなる組織でも、初代の権力者、責任者は、その後の展開の道筋をつけるのに影響を与えたとみなされる。

日本の場合、初代天皇は『古事記』と『日本書紀』にその名を記される神武天皇である。ところが、以前から議論のあるように、伝承的な記述によるため、実在かどうかは容易に定められるものではない。研究者によって記述される史実の歴史とともに、史実にこだわらない歴史もあってよいと私は思う。物語のような歴史もある。つまり、それぞれの次元の異なる歴史を語りながら、われわれは今を生きている。

『日本書紀』の天武天皇元年（六七二）条に、高市郡の大領《だいりょう》（郡の長官）である高市県主許梅《たけちのあがたぬしこめ》が、神がかりになって「神日本磐余彦天皇《かむやまといわれひこのすめらみこと》（神武天皇）の山陵に、馬とさまざまの武器とをたてまつるがよい」と大海人皇子側に告げたとある。

壬申の乱は、『古事記』『日本書紀』の成立よりもずいぶん前の出来事である。『日本書紀』の壬申の乱の記事が、史実によるとすれば、七世紀の後半に、神武天皇の名が知られていたといえる。そして神武天皇陵もあったことになる。

『古事記』は神武天皇陵は「畝傍山《うねびやま》の北の方の白檮《かし》の尾の上にあり」と、『日本書紀』は「畝

神武天皇陵

傍山の東北の陵に葬り祀る」と記述する。壬申の乱の時点で、神武天皇陵と見立てる墳墓が実在していたというならば、『古事記』と『日本書紀』の天皇陵の所在地は、具体的な場所を念頭において筆録したはずである。

今日の神武天皇陵は幕末に築造され明治時代に指定されたものである。とすれば、壬申の乱当時の神武天皇陵の所在地はどこか。一説に、七世紀に創出されたという。検討に値する課題である。

平安時代に編まれた『延喜式』には、畝傍山東北陵として、兆域《ちょういき》（陵墓の区域）東西一町（約百メートル）、南北二町（約二百メートル）とある。壬申の乱の時代の神武天皇陵を指しているのであろうか。いずれにしても、幕末には、神武天皇の陵墓の位置の伝承は途絶えていた。

44 飛鳥京跡苑池

天武天皇時代の後苑か

飛鳥を歩くとたいていの人が立ち寄る石敷きの伝飛鳥板蓋宮跡があるが、いつごろからか、その周辺の遺跡名を飛鳥京跡とよんでいる。飛鳥京という名前は、『日本書紀』には出ていないが、宮の周辺に京という空間はあったらしいことは「倭京」といったような言葉から知ることができる。

その飛鳥京跡から苑池が見つかり、長年にわたり発掘調査が行われている。古代における苑池は蘇我馬子の邸宅にあっては「島」とよばれた。これは明らかに、池に島状の築山を築いたり、石積みの高まりを造ったりするからである。その島は道教の神仙思想で海のかなたにある不老不死の仙人の住む場所である。この島のある苑池に由来することから、日本庭園を「林泉」と書いて「しま」と読む。仏教寺院の庭を浄土の庭とよぶことがあるが、ルーツは道教の神仙思想にある。

飛鳥京跡苑池は飛鳥川右岸、伝飛鳥板蓋宮跡の西北で見つかった。苑池の形は幅約五メートルの陸橋状の渡堤《わたりつつみ》をはさみ、南北二つの池からなる。南池は東西、南北ともに六十メートルほどの大きさで、深さは約一・五メートル。底には平らな石が敷き並べられている。北池は、南北約五十五メートル、東西約三十五メートルの大きさである。その後の調査で、池の構造が

発掘された飛鳥京跡苑池

さらに詳しく知られるようになった。

この苑池は、異説もあるが、天武天皇十四年（六八五）十一月条に、「白錦《しらにしきの》後苑《みその》に幸《いでま》す」とある白錦後苑とみてよいであろう。私は、漢詩集『懐風藻』に収める大津皇子《おおつのみこ》の「春苑言《しゅんえんここ》に宴《うたげ》す」にいう「霊沼《れいしょう》」「金苑《きんえん》」にもあててよいと思う。

この苑池に関して、壬申の乱のあとにうたわれたという万葉歌に「天皇は神であるので赤駒が腹ばうほどの湿地、あるいは水鳥が集まる沼地に都を造った」とある（巻一九―四二六〇、四二六一）。飛鳥川の氾濫《はんらん》などでできた湿地状の土地を、宮殿に接する苑池に造成したとも考えられる。

中国でも、宮殿の背後に「後苑」が造られる。先に述べたように、苑池は、仙人の住む場であるが、後苑を天苑とよぶこともある。神あるいは神に近い人物が、宮の背後に、天を模した苑池を営んだのである。

45 飛鳥の埴土

海洋民信仰のあと

日本列島は海で囲まれている。海の存在を無視してこの国の成立は語れない。香具山の土から、海を考えてみよう。

『日本書紀』の神武即位前条に、大和の宇陀《うだ》地方の豪族である弟猾《おとうかし》が、天皇に香具山の埴《はに》（粒子の細かな粘土）を採って天平瓮《あまのひらか》（神に供えるのに使う平たい皿）をつくり、天社《あまつやしろ》、国社《くにつやしろ》の神を祀ると敵を退けることができると奏したと記されている。天皇は、椎根津彦《しいねつひこ》に老父《おきな》の形をさせ、弟猾に老嫗《おみな》の姿をさせ、香具山の頂の土をもって帰ることを命じる。

椎根津彦は、『日本書紀』の神武東征伝承では、速吸之門《はやすいのと》（豊予《ほうよ》海峡）で天皇に出会い、船路の先導者となるとあるが、このことから、海洋民であることを表しているとみられ、この人物が大和国の国造《くにのみやつこ》となるという。このストーリーに従えば、大和は海洋民によって支配された土地であったのではないかというイメージが浮かぶ。

『古事記』や『日本書紀』の神話によれば、神武天皇となるカムヤマトイワレヒコは、海の神の宮で生まれたという。椎根津彦の海洋民的な様相とともに、古代王権は、海洋民によって成立したのかという想像にかりたてられる。

『日本書紀』の崇神《すじん》天皇十年条には、武埴安彦《たけはにやすひこ》という人物が天皇に謀反をおこし、その妻吾田《あた》

橿原神宮から見た畝傍山

媛《ひめ》が香具山の土を領巾《ひれ》（まじないのために肩にかける布）に包み、祈って「是、倭国《やまとのくに》の物実《ものしろ》（物のもとになるもの）」といったとある。武埴安彦は、孝元《こうげん》天皇の皇子であるとされているが、香具山の土に霊力があり、それが倭国の土地の象徴といえよう。

『住吉大社神代記《すみよしたいしゃじんだいき》』という書物にも、摂津《せっつ》の住吉大社の神を、香具山の埴土《はにつち》でつくった天平瓮で祀れば、天皇を傾けようとする謀略を退けられるとある。海の神を祀る住吉大社に、香具山の土を採る神事が伝わり、今日では、香具山の近くの畝傍山の山頂でなされている。

香具山に海洋民の信仰を垣間《かいま》見るのは、航海では山を目印とすることから、山を信仰の対象としたためであろう。より具体的には海人《あま》族を傘下に置いた尾張《おわり》氏が「天香山命《あまのかぐやまのみこと》」の後裔《こうえい》と伝える。

天武天皇は大海人皇子とよばれたが、尾張の海部《あまべ》に養育されたからである。推古女帝の宮である小墾田宮も、「尾張田」に由来するならば、飛鳥の周辺に尾張氏が進出していたことが想定できる。

46 浄らかな空間

神宿る聖なる場

日本人は一般的に、シンプルというか簡素な、そして清掃の行き届いた空間を好む。むやみに飾り立てた部屋に入ると違和感をもつというのが、これまでの日本人の美意識であった。今もそのような伝統は、息づいている。とりわけ、神社の空間が、そのことを端的に表現している。神社に参拝するときに、手水舎《ちょうずや》の水で口を漱《すす》ぎ、手を洗う。清浄な身体で神を拝する。

『日本書紀』によれば、天武天皇は壬申の乱に勝利、凱旋《がいせん》して、嶋宮に身を寄せる。そこから岡本宮に移り、その南に宮殿を造ったとし、それを飛鳥浄御原宮というとある。翌年の天武天皇二年（六七三）に、先にみた伝飛鳥板蓋宮跡と称されている場所にあった飛鳥浄御原宮で即位したと『日本書紀』の文章は続く。皇極天皇の宮のように飛鳥板蓋宮と、建築様式の名前でよばれる場合もあるが、宮殿の名前（宮号）は、原則的に地名でよばれる。天武天皇の場合、飛鳥浄御原宮という宮号であるから土地の名前をとっていない。「浄」という文字を用いていることに、注意が引かれる。

『日本書紀』を読み進むと、飛鳥浄御原宮という宮号は、朱鳥《あかみとり》元年（六八六）につけられたという。朱鳥という元号は、四神の朱雀《すざく》と同じ意味で、南の方位の燃えさかるエネルギーをいう。おそらく、天武天皇の病気が治癒するようにとの祈りをこめて、神の宿る聖なる場を象徴して

吉野宮のあった、吉野町宮滝からの風景

「浄御原」という名が考えられ、さらに朱鳥という元号に、天武天皇の回復を念じたのであろう。

「浄」という漢字が用いられたのは、中国から東アジアに伝わった道教の「清浄」の観念に従ったものとみられる。天武天皇が、道教に傾倒していたということからも、肯《うなず》けよう。

この清浄な空間のモデルとして、吉野が飛鳥の南に位置した。『万葉集』には、吉野の「清《さや》けき」空間をよんだ歌が数首あり、奈良時代に編まれた漢詩集『懐風藻』に収められた詩にも、「浄らかな川」と仙人の住む神仙郷（境）の風景を表している。

天武天皇の病気回復の願いをこめて元号を南を象徴する朱鳥とし、宮号を「浄御原宮」としたのは、近江朝打倒に挑んで吉野を出立したときのことを思わせる。

47 飛鳥のカムナビ

橘寺の背後の「ミハ山」か

日本語には、語源のわからないものが、少なくない。神道とか神仏習合という言葉が、日本文化を論じるときにしばしば飛び交うが、「カミ」という言葉の由来が、はっきりとしない。「上（カミ）」と「神（カミ）」とは、アクセントからみて、同一の意味ではないという。その「神」に関係すると思われる「カムナビ」（神奈備・神南備）の意味も、よくわからない。神の降りる、神の鎮座する場所と解されてきた。『万葉集』には、飛鳥のカムナビあるいは神岳《かむおか》をよんだ歌が二十首余りある。

天武天皇十五年（六八六）、天武天皇が死去したとき、皇后の鸕野讚良《うののさらら》（後の持統天皇）は、「やすみしし　わが大君の　夕されば　見《め》したまふらし　明けくれば　問ひたまふらし　神岳の　山の黄葉《もみじ》を　今日もかも　問ひたまはまし　明日もかも　見したまはまし……」（『万葉集』巻二―一五九）とよんだ。

天武天皇は、夕方になればご覧になり、夜が明けると、問いかけられる神が宿る山のもみじに今日も問いかけられ、明日もご覧になられるのだろうか、という。

この歌は、天武天皇の飛鳥浄御原宮から見渡したもみじをよんだとすれば、神岳は、宮の近くにあったはずである。そこで、もう一首をあげる。やはり天武天皇の死去に際して皇后のよ

飛鳥坐神社。飛鳥のカムナビからここに遷された

んだ歌である。
「北山に　たなびく雲の　青雲の　星離《さか》り行き　月を離れて」（『万葉集』巻二―一六一）
右に記す「北山」は、原歌では「向南山」と表記され、「北山」と解されてきた。ところが、中国唐代の口語の研究によると、「向」は、「在」の意味であるという。だとすれば、「向南山」は、「北山」ではなく、「南にある山」ということになる。

故岸俊男氏はつとに、「向南山」は飛鳥浄御原の南にある山で神岳のことではないかと指摘し、橘寺の背後の「ミハ山」という小字名が、神岳、すなわち飛鳥のカムナビの位置を示すと説いた。「ミハ」は「ミワ」と読み、神を指すからである。飛鳥のカムナビは、雷丘とみる説もあるが、私は、岸説に従う。
今日、明日香村飛鳥小字神奈備に鎮座する飛鳥坐神社は、天長《てんちょう》六年（八二九）に、もとのカムナビから遷座されたものという。

Ⅷ 持統天皇と藤原京

藤

48 二上山 大津皇子の遺体葬る

政局という言葉が新聞紙上に躍るときがある。政権をめぐって重大な状況におちいったときに使われる。最近では中国でも使われているが、歴史時代に使われた事例はなさそうである。往々にして、国民は蚊帳《かや》の外である。政局では劇場化し不毛なエネルギーが渦巻く。

古代においては、天皇の位をめぐって混乱する場合が政局にあたるとみてよい。称制という名で政治がなされるのは、政局の事態である。すでに述べたが、称制とは、天皇の位に就かずに皇太子や皇后が天皇の政務をすることである。二度の称制があった。皇太子中大兄皇子と天武天皇の皇后鸕野讃良である。後者についてみておこう。

天武天皇が朱鳥元年（六八六）九月九日に崩御すると同時に皇后鸕野讃良が称制をしいた。大津皇子の不穏な動きを察知し、かつ病弱な草壁皇子《くさかべのみこ》の即位には不安があったからである。まさに政局である。翌月、予想通り大津皇子の謀反が発覚し、訳語田《おさた》（桜井市戒重《かいじゅう》）の家で皇子を自害に追いやり、妃の山辺皇女《やまのへのひめみこ》も殉死し、政局は収拾した。

大津皇子の父は天武天皇だが母は天智天皇の娘大田皇女である。天武天皇を継いで皇位に就くのは、天皇と皇后を両親とする草壁皇子であることは、動かしがたいとされていた。大津皇子が筋道を誤ったのは、新羅僧行心《こうじん》に天皇になる骨相とみられたことによって野心が生じたこ

二上山遠望。田原本町付近から

とによる。大津皇子が亡くなったあとも、皇后の称制は、解かれなかった。草壁皇子の即位に望みをかけていたと思われる。しかし、称制の三年目、草壁皇子は死去し、翌年、皇后は天皇位に就く。

大津皇子は、「詩賦《しふ》の興《おこり》、大津より始まれり」とされ、武芸にも秀でたという。遺体は、二上山《にじょうさん》に葬られたとされているが、葛城市側の山麓にある鳥谷口《とりたにぐち》古墳を皇子の墓とする説がある。斎宮《さいぐう》として奉仕していた姉の大伯皇女《おおくのひめみこ》は皇子の死を知って、二上山を弟としてみて過ごしたい、と涙した（『万葉集』巻二―一六五）。

この事件は、大津皇子と親しかった川島皇《かわしまのみ》子《こ》の朝廷への密告によって起こった。政局という事態は、謀反といい、密告といい、人と人の争いを天下を治める次元の政治そのものとみなす錯覚を導く。

49　天孫降臨と草壁皇子
『古事記』のモデル？

政界や企業など組織のリーダーの後継者を決めるのは、容易なことではないであろう。リーダー次第で組織は、いかようにもなる。

古代の天皇の後継者を決めるのも難題であった。しかし、天武天皇を継ぐ人物は、さほど難しくない雰囲気にあった。なぜならば、天武天皇と皇后の間に生まれた草壁皇子は、天武天皇十年（六八一）に皇太子に立てられ、衆目の一致するところ、皇位を継ぐべき存在とみられていた。先に述べたとおりである。『日本書紀』には、皇太子にすべてのことを委ねたとある。また、天武天皇が死に近づいたころ、皇后と皇太子に、天皇の大権を任せたといったことなど、草壁皇子こそ皇位を継承すべき地位にあった。

しかし、天武天皇の死去の後、草壁皇子は、皇位に就かず、皇后が称制をしいた。そして、持統天皇三年（六八九）、草壁皇子は父天武天皇の後を追うように亡くなる。明日香村の西、高取町の佐田《さだ》に、束明神古墳《つかみょうじん》がある。八角形墳と推定され、草壁皇子の墳墓とする説が有力である。

柿本人麻呂が皇子の死を悼んでよんだ歌の一部をあげよう。

「……天雲《あまくも》の　八重かきわけて　神下《かむくだ》し　いませまつりし　高照らす　日の皇子は……」（『万葉

高取町佐田にある束明神古墳

集』巻二―一六七）

幾重にも重なった天の雲をかきわけて、降臨なさった日の皇子は……という意味である。この歌をどのようにとらえるか。これまでは天孫降臨譚《てんそんこうりんたん》のパロディーとされてきた。私は、天孫ニニギノミコトのモデルは草壁皇子であるという仮説を提起したい。

天孫降臨の舞台は、九州の高千穂峰《たかちほのみね》であると私は考えている。その九州の筑前《ちくぜん》国と筑後《ちくご》国に草壁郷があり、皇子の養育料を負担した日下部《くさかべ》が多く存在する。そこで草壁皇子が天孫ならば、祖母は斉明天皇（皇極天皇重祚《ちょうそ》）となる。

すでにみたように、舒明朝は、蘇我氏との距離をおきながら飛鳥に宮を置いた、一つの画期であった。巫女《ふじょ》的な霊能をもった、舒明天皇の皇后であった斉明天皇を、皇祖のアマテラスオオミカミのモデルに見立てて、『古事記』が編まれたのではないか。一説では持統天皇をアマテラスオオミカミとし、その孫の文武《もんむ》天皇をニニギノミコトとする。そして文武天皇が藤原宮子《みやこ》を夫人として首皇子《おびとのみこ》（聖武天皇）が誕生し、藤原氏の勢力が拡大するという。しかし、『古事記』が天武天皇の意図によって編纂《へんさん》されたとすれば、藤原氏に結び付く神話はつくられなかったであろう。

50 高市皇子と宗像神社

持統天皇の補佐役

たいていの場合、リーダーには、補佐する者がついている。職務の内容にもよるが、リーダー一人では、孤立感にさいなまれる。「副」にあたる者が、リーダーに付き添う。それに似た統治方式として、古代にはヒコ－ヒメ制があったとする説がある。例えば、男のリーダーは軍事面を、女のリーダーは祭祀面を担う方式である。邪馬台国《やまたいこく》の卑弥呼《ひみこ》と男弟《だんてい》の関係がわかりやすい事例である。卑弥呼は宗教的権威を、男弟は具体的な行政を担当して権力を保持する関係である。はるか後の武士政権の時代でも、天皇の権威と幕府の権力のバランスで日本の国の統治がなされた。

古代では推古天皇と聖徳太子の統治も、もともとは、聖徳太子が権力をもつことが期待された。ところが、聖徳太子が斑鳩で仏教に沈潜するという独自の境地に身を置いてからは、権力は蘇我馬子に握られた。奈良時代までの女帝は、夫であった天皇が亡くなってから皇位に就いたので、宗教的な権威に重きを置き、それを補佐する男性が大臣などの地位にあって権力の行使をしたと理解できる。

天武天皇亡きあと、皇后の鸕野讚良（持統天皇）が称制ののち、持統天皇四年（六九〇）に即位した。天武天皇の子、高市皇子を太政《だじょう》大臣として。壬申の乱でも、その功績は大で草壁

桜井市外山に鎮座する宗像神社

皇子、大津皇子と並ぶ存在であった。しかし、大津皇子と同じく、母は皇后ではないため、皇位を継承するのは難しい位置にあった。

母は、胸形君徳善《むなかたのきみとくぜん》の娘、尼子娘《あまこのいらつめ》である。胸形は宗像《むなかた》のことで、宗像氏は安《あ》曇《ずみ》氏と並ぶ海洋民の雄の一族である。

明日香村から、北東に桜井市外山《とび》に向かう。古墳時代初期の前方後円墳の後円部の空濠《からぼり》の外に、宗像神社が鎮座する。祭神は、九州の宗像大社と同じ三女神を祀る。神社の由来について直接記す史料はないが、胸形君一族が、九州から勧《かん》請《じょう》したと伝わる。天武天皇の妃に尼子娘がいたのは、天皇が、尾張の海部氏ゆかりの乳母に育てられたことと、つながりがあるのだろうか。

藤原京の真南に天皇陵

古代の遺跡や寺社の地図上の位置に定規をあてて、直線で結び付け、それぞれの位置についての関連性を論じることがある。私も、かつて、そのようなことに関心をもったこともある。そのことが、まったく意味をもたないのではなく、熟慮して、腑に落ちる結果が得られそうならば、それは史料を横において、深く検討する価値はある。しかし、むやみに線を引き、この神社とあの山とが、何らかのつながりがあると無理やりな論をふりかざすと、迷路に入ってしまう。

しばらく、藤原京のあたりを歩いてみよう。実は、『日本書紀』には、藤原宮という名は出るが、藤原京という名称は、一つも見当たらない。正式名称は、新益京《しんやくのみやこ》である。飛鳥の京に新たに付け加えられた京という意味であろう。ここでは、通例に引かれて、藤原京とよぶことにする。

藤原京の中軸線（朱雀大路）の南への延長線上に、天武・持統陵（檜隈大内陵《ひのくまのおおうちのみささぎ》）古墳が配置されていることは、以前から指摘されていた。これは、藤原京の中軸線が、発掘調査によってはっきりとしたことによって、認められたといってよい。

『日本書紀』天武天皇十三年（六八四）条に天皇が京師《けいし》（都）を巡行し、宮室の地を定めたと

橘寺の南に位置するミハ山

いうことからも、天武天皇の生前から、藤原京の設計図は書かれていた。そして、持統天皇元年（六八七）十月に大内陵が築造されたと、『日本書紀』の記事にいう。だから、宮の真南への中軸線上に持統天皇が天武陵を営んだのは、意図してのことであった。持統天皇も大宝二年（七〇二）に死去し火葬され、翌年ここに合葬されている。

　いつごろからか、京の中軸線は天武・持統天皇陵古墳の関連から、「聖なるライン」とよばれるようになった。この呼び方は、私の関心をそそる。飛鳥浄御原宮の南に飛鳥のカムナギ、「ミハ山」が位置することと、同じ意味をもつ。京の南に、聖なる山をもつのは、東アジアの都城に共通する。例えば新羅の慶州《キョンジュ》の南山《ナムサン》、唐長安城の南に位置する終南《しゅうなん》山《ざん》である。

52　明日香風

華やかさ失いむなしく

権力とそれを取り巻く人々の距離感は、常に変化するものである。その変化を強く促すのは、権力者が交代するときである。いかにして、権力に近い位置を占めるかについて、知恵をめぐらせるのは、古代も現代も同じである。

万葉歌に「采女《うねめ》の　袖《そで》吹きかえす　明日香風《あすかかぜ》　都を遠み　いたづらに吹く」という一首がある（巻一―五一）。甘樫の丘に登る道のかたわらに、万葉学者の故犬養孝氏の揮毫《きごう》を刻んだ石碑が立つ。

題詞に「明日香宮より藤原宮に遷居《うつ》りし後、志貴皇子《しきのみこ》の御作歌《みうた》」とある。采女とは、後宮で仕えた女性である。持統天皇八年（六九四）、持統天皇は、飛鳥浄御原宮から藤原宮に遷る。いわゆる藤原京遷都である。飛鳥の宮の時代には、飛鳥に吹く風が采女の着物の袖を吹き返すような華やかさが感じられたが、飛鳥からやや遠くにある藤原京の時代になってからは、ただむなしく吹いているにすぎないとうたう。

志貴（施基）皇子は、天智天皇の子である。壬申の乱の余韻が漂う飛鳥では、孤立感にさいなまれていたかもしれない。天武天皇八年（六七九）、天武天皇は皇后、草壁皇子、大津皇子、志貴皇子ら天武・天智天皇系の皇子たちを吉野によび、一族の結束を誓わせた。そのことによ

甘樫の丘の登り道に立つ犬養孝氏揮毫の万葉歌碑

って、志貴皇子の張りつめた緊張感も次第にほぐれていったと思われる。スポーツの言葉を借りるならば、ラグビーのノーサイドである。とはいえ、負け組の怨念《おんねん》は、天智天皇と親密であった藤原氏一族の心深く沈んでいった。黙々として天武系の権力に仕えるが、リベンジの機会は、奈良時代の末期におとずれる。

奈良時代の最後の女帝、称徳《しょうとく》天皇が死去したときに、後継天皇は、志貴皇子の子にあたる、光仁《こうにん》天皇となった。天武系から天智系への転換である。

光仁天皇は崩御の後、京都府と奈良県の境の奈良市広岡《ひろおか》町《ちょう》あたりと思われる広岡山陵に葬られる。長岡京《ながおかきょう》に遷都して間もなく、延暦《えんりゃく》五年（七八六）、田原東陵《たわらのひがしのみささぎ》（奈良市日笠町《ひがさちょう》）に改葬されるが、その位置は、父志貴皇子の田原西陵（奈良市矢田原町《やだわらちょう》）の近くである。

斉明天皇と娘間人皇女が合葬され、陵墓の前に孫の大田皇女の墓があったとみられるように、古代日本においては、死後世界の親族意識が強いといえよう。しかしそれは古代や日本に限られることのない普遍的なものだろう。

53 大和三山

たくみな宮の配置

かつては、奈良盆地の私の家から、大和三山を望むことができた。大和三山とは、香具山・耳成山《みみなしやま》・畝傍山の三つの山をいう。今では、宅地化が進み、それは、かなわなくなった。このようにわが国の景観保存は、点的になり、眺望という観点は失われつつある。

藤原京が、大和三山を取り込んで造営されたことは、誰の目にも明らかである。造園的にいえば借景である。

道教の神仙思想に傾倒していた天武天皇が構想した藤原京ならば、三山を、中国の東海に浮かんでいたとされる架空の島、三神山《さんしんざん》に擬したと思われる。三神山は、蓬萊・方丈《ほうじょう》・瀛洲《えいしゅう》とよばれ、そこに、不老不死の仙人が住むと思われていた。秦《しん》の始皇帝の命によって徐福《じょふく》が不老不死の薬を求めて、山東《さんとう》半島の先端から出した船も、この三神山に向かったという。

大和三山に囲まれて藤原宮が造られた。そのため、藤原宮は藤原京のほぼ真ん中に位置することになった。その平面的配置計画は中国漢代に成立したとされる『周礼《しゅらい》』「考工記《こうこうき》」によったと私はかつて述べた。しかし、その後考えを改めた。平城京のように北の京極に接して宮域を造ると耳成山が京外にはみでることになり、京の形として、不自然になる。そこで、三山に囲まれた宮域を重視すれば、北の京極は耳成山より北に設定する必要があったと、私は、自説

大和三山の一つ耳成山。藤原宮跡から

を書き換えたのである。

今も、藤原京の形については、『周礼』「考工記」によると、通説的な解釈がなされているが、私は、その考えは、修正すべきではないかと考えている。藤原京は、日本ではじめての本格的な中国式都城と、しばしば説明される。それは、京内の道路が碁盤目状に区画されているからで、そのことは間違いでない。しかし、直接的なモデルは新羅の慶州であったと、私はみる。遣新羅使として派遣された采女竹羅《うねめのちくら》という人物が、帰国後、京の造営に関わっているからである。三野王《みののおおきみ》とともに信濃《しなの》に都を造るために遣わされたのではないかと、『日本書紀』が疑問形で記すのは、謎めいていて検討の余地がある。

藤原京は、三山の中にたくみに宮を配するという独自なプランを案出したことに注目したい。

54 京とミチ

神が通り、祈るものが歩む

わが国の歴史街道には、日光《にっこう》街道、高野《こうや》街道あるいは熊野《くまの》街道というように、参詣《さんけい》する神社仏閣などの名をつけているものが少なからずある。

私には、もともと道路を造るのは、寺社参拝が目的であったのではないかと思われる。道路は寺社と一体的な存在であったように推測する。

「ここはどこの　細道じゃ　天神さまの　細道じゃ」というわらべ歌でも、細道は、天神社に所属する。

「道」は「ミチ」と読むが、「ミ＋チ」に分けて意味をとる。「ミ」は、神のものにつける接頭語で、御崎（ミ＋サキ）などの表現もある。つまり、「ミチ」は、神が通り、神に祈るものが歩む通路というのが、もともとの意味であった。

『日本書紀』推古天皇二十一年（六一三）条に「難波から京に至るまで大道を置く」とある。この「大道」は「おほみち」ではなく、「おほち」とよんでいる。ということは、神を祀る場所に通じる「ミチ」ではなく、普通の「チ」としてよばれたらしい。右にいう「京」は、推古天皇の小墾田宮とその周辺の地域を指したものと思われる。

この大道は、河内《かわち》から奈良県葛城市へと通じる竹内峠《たけのうちとうげ》を越えて、まっすぐ東に向かい、藤

橿原市八木の横大路と下ツ道が交差する付近

原京の三条大路となる。後世、奈良盆地を東西に走る部分は横大路とよばれるようになる。このことについては、次項で取り上げることにする。

推古朝が終わり、律令による法治国家の体裁をとるようになると、五畿七道《ごきしちどう》という行政区分が施行される。五畿は、大和・山背《やましろ》・摂津・河内・和泉の諸国で、宮都が置かれる区域である。それ以外の諸国は、東海道《とうかいどう》、東山道《とうさんどう》など七道に分けられる。「道」は、行政区画名ではあるが、基本的には、例えば東海道という幹線道の沿道諸国である。この幹線道の東海道は、「うみのみち」、東山道は「やまのみち」というように、原則的に「ミチ」と称された。

先に記したことから類推すれば、七道は、「ミチ」であるから、神と関わりがあることになる。その神とは、天皇のことである。天皇の居所である宮都と結ぶ「ミチ」が、七道であった。

五畿とは畿内のことであるから、七道と合わせて国土を八区分したことになる。中華思想の八紘を意識したのであろう。

55 タテとヨコ

中国の宇宙観を受容

奈良盆地を東西に走る横大路は、今も生活道路として使われているが、近世には伊勢神宮に参詣に行く道として、賑《にぎ》わったという。なぜ横大路というのか、という問題提起である。「横（ヨコ）」があれば、「縦（タテ）」があるはずだ。

史料の上で横大路という名が出るのは、鎌倉時代であるが、「横」の大路と認識されたのは、古代からではないかと思う。東西が横ならば南北が縦である、と意味をとるのが、古来日本語に固有のものかといえばそうではない。

『日本書紀』成務《せいむ》天皇五年条に「東西を日縦《ひのたたし》とし、南北を日横《ひのよこし》とす」とある。「日の縦」を東西というのは、太陽が動くとして、地上からみて、太陽の動く方向を縦としたのである。

同じ意味のことは、『本朝月令《ほんちょうがつりょう》』（平安時代中期における年中行事について記した書物）に引くところの「高橋氏文《たかはしうじぶみ》」（天皇の日常の料理を担当した内膳司《ないぜんし》高橋氏の由緒を記したもの）にも「日の竪《たて》、日の横」という表現がみられる。

太陽の動きを基準とした、タテとヨコの認識は、わが国の古来の宇宙観によるもので、当然、東西が主軸となる。ところが、東西に走るのに「横」の大路とは、なぜか。

その理由は、中国から伝来した宮都の思想によるものである。藤原京や平城京の朱雀大路が、

藤原京の朱雀大路付近

南北に走る。この南北の主軸である朱雀大路がタテとみなされた。したがって、天子は南面する。必然的に、東西はヨコとなる。

中国文明を受容した日本は、太陽を中心にすえる宇宙観にかえて、北極星を宇宙の中心に置く中国の宇宙観を受け入れた。

太陽を中心とした日本の伝統的な宇宙観によるのではないかと指摘されたのは、桜井市の纏向《まきむく》遺跡の三世紀代の建物跡であった。東西に並ぶ三棟の建物が、東西の中軸線を共有したからである。桜井市の大神《おおみわ》神社においては、参拝者は、東の拝殿に向かって、神体の三輪山に祈りを捧げる。おそらく、古来の拝礼の方向に従って、拝殿が造られているのだろう。

56 持統天皇の吉野行幸

高天原の神に祈りを捧げる

持統天皇の吉野行幸について考えてみたい。

持統天皇は、天皇在位中、譲位後も含めて三十四回の吉野行幸をしている。石舞台古墳付近から、芋《いも》ヶ《が》峠《とうげ》を越えて吉野川の右岸に出て、東に、吉野宮に出る道筋をとったと思われる。なぜ、女帝は、そんなにしばしば吉野に出かけたのか。この疑問に対して、これまで腑に落ちる答えはない。

天皇が頻繁に吉野への行幸を繰り返しては政務に空白が生じる。その空白を埋める責務を担ったのは、先に述べた高市皇子であろう。それならば、持統天皇の吉野行幸の目的は何であったのか。その理由を示唆するのは『日本書紀』の女帝の和風諡号《わふうしごう》（おくり名）である「高天原《たかまのはら》広野《ひろの》姫《ひめの》天皇《すめらみこと》」である。なぜ、高天原という名が諡号につけられたのであろうか。もとは、和風諡号を「大倭《おおやまと》根《ね》子《こ》天《あま》之《の》広《ひろ》野《の》日女尊《ひめのみこと》」と称した。『日本書紀』の和風諡号は、後に改めて贈られたものである。持統天皇の和風諡号の「高天原」の意味は、繰り返しなされた吉野行幸から解き明かすことができないだろうか。

吉野宮に比定される吉野川北側の宮滝遺跡に立ち、真南を望むと青根《あおね》ヶ《が》峰《みね》の山峰がみえる。古代に金《きん》峰《ぷ》山《せん》とよばれた山並みは、役《えんの》小角《おづぬ》が開いた修験道の聖地大峰山《おおみねさん》（山上ヶ岳）から北に

吉野川北側からみた吉野連峰

続く山並みをいう。青根ヶ峰は、金峰山の最北端に位置する。そこで、諡号の「広野姫」であるが、青根ヶ峰の山腹に広野千軒《ひろのせんげん》とよばれた集落があった。

また、中国の六世紀に成立した『水経注《すいけいちゅう》』に、皇天原《こうてんげん》という名があり、「その高さは千仞《せんじん》ばかり、漢の世、その上に天を祭る」とある。「皇」は「高」に通じ、『古事記』の高天原を大峰山とすれば、中国の高峻《こうしゅん》な山、皇天原に相当するとしてよい。持統天皇の吉野行幸は、高天原の神々に祈りを捧げるためであったとみられる。それらに由来する名前とみれば、諡号の「高天原の広野姫」に納得がいく。

ちなみに高天原という名は、『日本書紀』本文には、一例のみみられるだけである。ということは『古事記』の編纂段階で、高天原が創作された可能性もある。

57 巨勢道

不思議な模様の亀が現れる

毎日歩いている同じ道でも、その日の気持ちによって違う道のように感じることがある。通りゆく人によっても、その道の印象はさまざまな意味をもつ。道だけではない。われわれの目に入る風景像は、同じ山でも時代と人によって異なる意味をもつ。

巨勢道《こせじ》を取り上げてみよう。飛鳥から南南西方向に、五條《ごじょう》市を経て、紀伊《きい》国に向かう道で、御所市の古瀬《こせ》のあたりを通る。同所には、『日本書紀』の天武朝末にその名がみえる巨勢寺《こせでら》の跡がある。心礎が一つ、かつての伽藍の面影を伝えている。

『万葉集』の藤原宮の役民《えきみん》のつくる歌（巻一―五〇）に「……わが作る　日の御門《みかど》に　知らぬ国　よし巨勢道より　わが国は　常世《とこよ》にならむ　図負《あやお》へる　神《くす》しき亀も　新代と……」とよまれている。藤原宮の建造に従事している人たちの歌のようにつくられた藤原宮讃歌《さんか》だろうか。

「自分たちが造っている天皇の宮に、まだ服属しない国を帰服させようと、巨勢道から、わが国は永遠に栄えるという、不思議な模様を背にかいた、神々しい亀が、新しい時代と現れてくるという」。

この歌の左注《さちゅう》に持統天皇の三回の行幸と遷居《せんきょ》の年が書かれている。朱鳥七年に藤原宮行幸とあるが朱鳥七年は持統天皇七年（六九三）のこと。同八年に行幸と遷居とある。持統天皇が

近鉄吉野口駅に近い巨瀬寺跡

藤原宮に出向いたときに、この歌がうたわれたのかもしれない。いよいよ新しい都で、女帝の時代がはじまるという息吹のようなものが感じられる。それにしても常世の出現を予兆する亀がなぜ巨勢道から出てくるのか。この道は、仙人の住むとされる常世（神仙郷）の吉野にも通じているからかもしれない。

もう一つ万葉歌をあげる。「巨勢山のつらつら椿《つばき》 つらつらに 見つつ偲《しの》はな 巨勢の春野を」（巻一―五四）。大宝元年（七〇一）秋九月、すでに文武天皇に譲位した太上《だじょう》天皇（持統天皇）は、巨勢道を紀伊国に向かっている。坂門人足《さかとのひとたり》（伝不詳）の作である。

「つらつらに」は、「多く連なっている」ということ。季節は秋。椿の咲くころではない。藤原氏の力が、天皇家の勢力を後退させつつあることを、ありし日を追憶しつつ紀伊に進む太上天皇の身に、ひしひしと感じさせていたにちがいない。藤原氏の血につながる首皇子（後の聖武天皇）がこの年に生まれる。

文武天皇、若すぎる死

一人の人間であれ一つの国家であれ、思うとおりに事が運ぶことはない。特にその人を支えてくれた人、リーダーを補佐した人物が死去したとき、精神的な支柱が折れたような衝撃に見舞われる。持統天皇十年（六九六）、女帝を補佐した高市皇子が四十三歳で死去。翌年、持統天皇が譲位し、草壁皇子の第二子、軽皇子（文武天皇）が即位した。十五歳の天皇である。持統天皇は五十三歳。譲位が早すぎた感がある。持統天皇は、草壁皇子の血筋を皇統につなぐために譲位を急いだと思われる。

藤原氏の栄華の基礎を築いた藤原不比等《ふひと》は、その瞬間を見逃さなかった。自分の娘、藤原宮子を天皇の夫人として入内《じゅだい》させた。天皇と宮子の間に男子が誕生すれば皇位継承のチャンスに手が届き、藤原氏は天皇家の外戚となれる。不比等に野望の火がついた。

不比等が政治に関わるのは持統天皇三年（六八九）、判事に任じられてからである。判事は今日の日本の司法制度における判事とよく似て、罪の重さを判断する職であった。法律に深い関心をもっていたため、後の大宝律令《たいほうりつりょう》の制定に関与することになる。

文武天皇の若すぎる即位を補ったのが持統太上天皇との共同統治であったといわれるが、実質的には、政権の帰趨《きすう》は不比等の手中にあった。大宝元年（七〇一）に、文武天皇と宮子との

明日香村平田の中尾山古墳

間に、首皇子（後の聖武天皇）が生まれた。不比等の気持ちが高鳴るのは、容易に想像できる。翌、大宝二年（七〇二）十月に不比等が全面的に関わって完成させた大宝律令が全国に頒布《はんぷ》され、その年の十二月に持統太上天皇が死去した。

政治の舞台が不比等を中心に展開していくのは必然的といえる。文武天皇は、後ろ盾を亡くしてしまった。不比等は、藤原京から平城京への遷都計画に乗り出すが、慶雲《けいうん》四年（七〇七）、二十五歳の若さで文武天皇は死去する。首皇子を即位させるにはあまりにも若すぎた。

文武天皇の陵墓は、明日香村平田の中尾山《なかおやま》古墳とする説が有力である。最後の八角形の天皇陵である。

59 中ツ道

苦衷に満ちた遷都

日本の古代には遷都が何回かある。新しい都を造り遷ることとは大事業であるが、遷都の渦中にある人の心は揺れ動く。明治の東京奠都《てんと》で京都の経済人は「第二の奈良になるな」と言ったと、当時の新聞記事にある。平城宮跡のように草原になってはならないという意味。京都人の無念さはわからないこともないが、他所の町を蔑《さげす》むようでは千年の都の風格を疑う。平城宮跡は草原であったからこそ、発掘調査で平城京の実態が判明しつつあり、遷都一三〇〇年祭で古代の都を体感できた。貴重な空間である。

慶雲四年（七〇七）二月、遷都について議することの文武天皇の詔が下された。しかし、その年の六月に天皇は二十五歳で死去しているので、遷都の議は天皇の意図とは思えない。藤原不比等には、新羅の慶州の影響を受けて天武天皇が構想した藤原京を廃都とする意向があった。律令と同じように唐の長安への憧れが強かった。

藤原京から平城京への遷都を都市環境の悪化のためとする説があるが、遷都という大事業は、政治的次元に目をやらねば何もみえない。

藤原京三代目の元明《げんめい》天皇は、文武天皇の母であり、草壁皇子の妃である。天武天皇の強い意志のもとで造られた藤原京を捨てるわけにはいかない。だが、不比等の考えに与《くみ》する臣下たち

中ツ道。天理市前栽町あたり

に遷都の詔をするところまで、天皇は追い詰められた。

和銅《わどう》元年（七〇八）二月に、女帝元明は苦衷に満ちた詔をする。要点を記す。

「……遷都は、急ぐこともない。だが、多くの臣下の議論をおさえることはできず、自分一人だけが安楽であっていいものではない。従うべきであろう」

和銅三年の春二月。元明天皇は藤原京を後にした。盆地を南北に走る中ツ道を平城京に向かった。途中で御輿《みこし》を長屋の原（天理市長柄町《ながらちょう》付近か）に停《と》めてはるかに古郷を望んだ。「飛ぶ鳥の　明日香の里を　置きて去《い》なば　君があたりは　見えずかもあらむ」（『万葉集』巻一―七八）。飛鳥を離れると、あなたの眠っておられるところは、みることができない。夫草壁皇子を偲《しの》ぶ。

平城京は長安をモデルとして造られることになったが、近代の建築も西洋風のものを模して建設されていったことを考えると、文化の受容の姿が類似していることに気づく。いっぽう、中・近世の都市づくりは、城下町を取り上げてもオリジナルな手法によって造られていった。近年創造都市という言葉が使われるが、ふりかえってみると、中・近世にこの国の文化は創造力があったといえる。

IX 古寺をめぐる

蓮

60 飛鳥寺

蘇我氏の権勢を誇示

権力あるいは威信を誇るための大きな建物をよくみる。人々を威圧するためである。その背景には、財力がなければならない。だが、権力も財力もいつか衰退し、やがて大きな建物は老朽化し、朽ち果てる。にもかかわらず、人間はなぜ、そのようにして権力を誇示したがるのか。野生のライオンや豹《ひょう》は、おのれの肉体的な力を信じて他者を襲う。そのようなことを考えると人間というのは、肉体の外のものに依存してしか、強さを示すことができない弱い動物ではないかと、飛鳥寺のあたりを歩きながら考えてしまう。

仏教の教える無常観とともに、蘇我氏のことを思うからであろう。飛鳥寺（法興寺《ほうこうじ》）は蘇我氏の氏寺としてわが国で最初に造られた本格的な仏教寺院である。

飛鳥寺は、崇峻天皇元年（五八八）、飛鳥の真神原に建立の工事がはじまり、六世紀末には、伽藍のおおよその姿は完成し、七世紀初頭に鞍作鳥《くらつくりのとり》（止利仏師《とりぶっし》）作の丈六銅像を金堂に安置した。

飛鳥寺の発掘調査は昭和三十一年（一九五六）にはじまるが、伽藍配置が明確になるにつれて、その特異性に驚きを隠しえなかったという。塔を中心に、中金堂《ちゅうこんどう》・東金堂・西金堂を配するもので、わが国の古代寺院では知られなかったものであった。そのモデルを高句麗の清《チョン》岩里《アムリ》廃寺とみる説が通説になっている。百済から僧侶や寺院建築の技術者が派遣されたが、高句麗の寺院に範を求めたとすれば、高句麗の関与が考えられる。

蘇我氏の威信を示すモニュメントだった飛鳥寺

飛鳥寺の発掘で、いまひとつ注目されたのは、舎利《しゃり》容器やその周囲から金銅製飾り金具など古墳の副葬品のようなものが見つかったことである。舎利埋納の儀式に用いられたものらしい。

飛鳥寺という大寺院建築は、蘇我氏の威信を堂々と示すモニュメントであった。

皇極天皇三年（六四四）、蘇我蝦夷は剣池で一本の茎に花を二つつけた蓮をみて、わが氏の繁栄を誇ったが、翌年乙巳の変のクーデターで誅滅《ちゅうめつ》。飛鳥寺建立からわずか約五十年しか経ていない。表現をかえれば五十年もの栄華を誇ったともいえよう。人は名誉や栄華を一瞬でも手に入れたくて生を営むのであろうか。そのために他者の心を傷つけたことを省みない。「勝った」という言葉で、すべてを清算してしまうのである。政治とはそのようなあさはかな営為なのだ。

61 飛鳥大仏

文化伝来のはるかな旅路

飛鳥寺の門前に立つ。正式には寺名を安居院《あんごいん》とよぶ。飛鳥大仏と太い文字で書かれた石碑が立つ。安居院の本堂の位置が、古代の飛鳥寺（法興寺）の中金堂の位置にあたる。

本堂に入る。飛鳥大仏と通称されている本尊の前に坐る。しばらくして、寺の人からの説明がある。写真撮影は、ご自由にといわれて、本尊と自分の距離が狭まる思いがする。撮影禁止の寺が多いわが国では、ありがたい計らいといってよい。日本の寺院の宗教者は仏に帰依する心を胸に刻むべきであろう。

本尊は、釈迦如来《にょらい》坐像。『日本書紀』推古天皇十三年（六〇五）条に、天皇は皇太子（聖徳太子）、大臣《おおおみ》（馬子）、諸王、諸臣に銅《あかがね》と繡《ぬいもの》の丈六仏像各一軀《く》の造立を共に誓願するという詔《みことのり》をした。鞍作鳥を仏師とした。日本の天皇が仏像をつくることを聞いた高句麗の大興王《だいこうおう》が、黄金三百両を貢上した。さらに『日本書紀』には翌年、丈六仏像は完成したが、像高が金堂の戸よりも高く堂に入れることができず、戸を壊して入れようとしたところ、鞍作鳥のすぐれた技術で戸を壊さずに安置することができた、とある。

一方、『元興寺縁起《がんごうじえんぎ》』に引く「丈六光銘」には推古天皇十三年に銅と繡の釈迦像と挟侍《きょうじ》（脇侍《わきじ》）をつくったと記している。もとは、三尊《さんぞん》像であったのだ。

鎌倉時代の建久《けんきゅう》七年（一一九六）に落雷による火災で、本像も損傷したが、後にかなり修復されて、飛鳥時代の部分が多く残存していないといわれてきた。ところが、近年の調査では、かなりの部分が飛鳥時代のままであるという。もともとの像を明らかにすることは今後の課題であろう。

私の関心は面長の顔立ちに浮かぶ笑みである。法隆寺《ほうりゅうじ》金堂の釈迦三尊像や、中宮寺の弥勒《みろく》菩薩像にもある笑みに共通する、いわゆるアルカイックスマイルである。古拙な笑みとでも訳せようが、もともと、ギリシャ彫刻にみられた。それがガンダーラ（アフガニスタンからパキスタンにかけての地域）で仏像に伝えられ、シルクロードを経て中国にもたらされ、日本に伝来したとみる説もあるが、疑問とする見解も強い。飛鳥の文化は、そのような壮大な旅路の果てに生みおとされたのであろうか。飛鳥を歩きながら、ユーラシアという文化のルツボに思いをはせる。

壮大な旅路の果てに生みおとされた、ギリシャ彫刻を思わせる笑みを浮かべる飛鳥大仏

62 道昭と社会事業

禅院や橋建立に寄与

古代日本（倭国）に仏教が入った年代は、欽明朝の、百済からの公伝よりも、早かったといわれる。どのようにして仏教が日本にもたらされたとしても、仏教をより深く学びたい僧侶の数は少なくなかった。

経典を読み解きたいという意欲は、どのようにして、広がったのであろうか。おそらく、自然崇拝によるカミ信仰では、探りきれない心のありかを、経典の文字を通して体系的に理解したいという意欲が、僧侶たちの胸の中に宿ったのであろう。

古代の仏教は、明治時代のはじめに日本が飛びついた西欧の近代科学とは、わけが違う。国家が、仏教を基軸として社会制度を構築しなければならない切迫した事情があった。近代日本の西欧接近には、キリスト教という近代科学の基盤をなした宗教は、ほとんど無視されたといってよい。別にキリスト教でなくてもよい。近代技術に、仏教の慈愛がしみこんでもよかった。技術立国といわれるにふさわしい風格が、今、日本に問われつつあることに、この国は気づいているのか。経済優先の時代が幕をおろしつつある現代についての認識があまりにも欠けている。

道昭《どうしょう》（道照とも、六二九～七〇〇年）という一人の高僧の足跡を追ってみよう。河内国丹比《たじひ》郡の出身で飛鳥寺（元興寺）において出家し、白雉《はくち》四年（六五三）に遣唐使の学問僧として、玄奘三蔵《げんじょうさんぞう》に学んだ。

明日香村栗原付近。道昭が火葬された地という

玄奘三蔵から親しく指導を受けたが、経論《きょうろん》（釈迦の説法を集成した経と、その注釈）を学ぶのは難しいので、禅（精神を統一し悟りをひらくこと）を、日本に伝えるがよいと言い渡された。道昭は、飛鳥寺の東南に禅院を建立し、後進の指導に努めながら、各地に出向いて井戸を掘ったが、宇治《うじ》橋も、道昭の造営であるという。このように、各地をめぐり、社会事業に寄与した。

道昭の仏教活動が行基《ぎょうき》の社会事業に受けつがれ、中世になって東大寺再建に貢献した重源《ちょうげん》、病者を救った忍性《にんしょう》など、いずれも行基を尊敬したという。

道昭は、七十二歳で死去し栗原《くりはら》（明日香村栗原、一説に桜井市粟原《おうはら》）で火葬されたが、史料的には日本最初の火葬であるとする。

他者を救う思想が、日本の企業には、どれほどあるのだろうか。

他者を救済することを仏教では利他行という。このような思想の日本における根源を聖徳太子に求めることができるという。伝承ではあるが四天王寺の四箇院《しかいん》の一つに悲田院《ひでんいん》の名を伝える。奈良時代の光明《こうみょう》皇后による悲田院へとつながるが、皇后が夢殿《ゆめどの》建立に力を添えていることも聖徳太子への敬慕によるものであろう。

63 山田寺のあたり

奈良興福寺の仏頭を思う

奈良盆地を等間隔で南北に走る三本の道、上ツ道、中ツ道、下ツ道のうち、東側の上ツ道は、南下して桜井市の阿部《あべ》あたりから南西に向かう。桜井市山田《やまだ》を経て、明日香村雷《いかずち》から橿原市の大軽町に至る道を、阿倍山田道《あべやまだみち》あるいは山田道という。

この阿倍山田道に沿って山田寺と古代にさかのぼる同寺の遺構がある。私は、このあたりを歩きながら、宗教と戦争、あるいは暴力のことに思いを広げる。それは、奈良の興福寺《こうふくじ》に安置されている仏頭を思うからである。

私の好きな仏像の一つである。目鼻立ちが端正で、穏やかな肉付きが、祈る者の心を素直な境地に誘う。秀でた白鳳仏《はくほうぶつ》である。しかし、残念ながら、その名のとおり頭部にしか、われわれは、手を合わすことができない。

この仏頭は、もともと、山田寺講堂の本尊の頭部である。山田寺は、蘇我倉山田石川麻呂《そがのくらやまだいしかわまろ》の誓願によって舒明朝から皇極朝にかけて金堂が建立され、大化年間に、僧が止住した。ところが大化五年（六四九）、蘇我日向《ひむか》なる人物によって皇太子中大兄皇子殺害の意図をもつと讒言《ざんげん》され、蘇我倉山田石川麻呂は、山田寺に逃げるが、彼と妻子・随身者の自害を強いられた。後に、冤罪《えんざい》とわかる。皇太子は、蘇我倉山田石川麻呂が心清らかであったことを知り、悔い恥じ

山田寺跡

て悲しみ、嘆くに休むことがなかったという。

　伽藍配置は塔・金堂・講堂が一直線に並ぶ四天王寺式。後の発掘調査で、飛鳥時代の連子窓《れんじまど》や長押《なげし》、柱や柱の頂上部をわたす頭貫《かしらぬき》などが発見され、古代建築の様相を目の当たりにした。

　山田寺は平安後期に衰退し、平重衡《たいらのしげひら》による南都の焼き打ちで大きな被害を受けた興福寺の僧兵らが、山田寺から本尊像を奪い東金堂本尊とした。後に雷火で焼失したとされていたが、昭和になって、頭部のみ発見されたという。

　興福寺や比叡山《ひえいざん》の僧兵は、まぎれもない武装勢力であるが、興福寺の仏頭は、いうまでもなく中世の残像で「今は昔」の語り部という意味をもつ。

64 橘

聖徳太子誕生の地

厳密に地域区分すると「飛鳥」は、飛鳥寺や、今日でも目にすることのできる伝飛鳥板蓋宮跡あたりを指し、それより南は、「橘」とよばれる地域であることはすでに述べた。逆に飛鳥の北方あたりは「小墾田」とよばれた。さほど広い土地でないのに、三つの地域に区分されたのは、なぜだろうか。その問いについての明確な答えが、私にはない。ただ、今思いつくことは、飛鳥は政治の中枢であったから神聖な土地柄を表しているのだろう。小墾田は開墾した土地のように解く説もあるが、先に触れたように「尾張田」の可能性もある。日本の地名の由来について考えるのは、かなり難しい。なぜならば、日本語の成立が解明されていないからでもある。

橘を取り上げてみよう。石舞台古墳の周辺から島を配した庭のあった蘇我馬子の邸宅付近、そして地名を寺号とする橘寺を含む一帯が橘という地域に含まれる。

橘についてよく知られているのは、垂仁天皇の臣下の、タジマノモリ（多遅摩毛理、『日本書紀』は田道間守）が天皇の病を癒《いや》すために不老不死の仙人の住んでいる常世《とこよ》に、非時《ときじく》の香菓《かくのみ》（季節にかかわらずいつでもある香りのよい木の実）を求めた話だが、彼がそれを遠い土地から持ち帰ったときには、天皇は亡くなっていたという。

橘寺の遠景

『万葉集』には、橘をよんだ歌がいくつかある。大伴家持《やかもち》の歌に、「常世物《とこよもの》　この橘の　いや照りに　わご大君は　今も見るごと」（巻一八－四〇六三）とある。常世から伝えられた橘の実のように、ますます照り輝き、今のご様子のようにお栄え下さい、という天皇讃歌である。

　聖徳太子誕生の地と伝えられている橘寺だが、発掘で出土した軒丸瓦の年代は白鳳時代の半ばごろ、天智朝（七世紀後半）とされている。

　聖徳太子が厩戸で生まれたという伝承があるが、橘寺が誕生の寺という確証はない。しかし後の聖徳太子の伝記類には、橘寺の近くに厩戸という地名があると記すものもある。今日、その地名は不明である。

65 厩坂寺跡

仏像由来の地名残る

近鉄橿原線の橿原神宮前駅で降りて東口から出る。すぐ目の前を南北に走る国道一六九号の信号に「丈六」という標識板がつけられている。丈六とは、一丈六尺の長さを示し、約四・八メートルであるが、一般的に仏像の背丈を表す。釈迦の身長は普通の人間の倍あったという伝承による。信号の標識板にある丈六は、橿原市久米町《くめちょう》の小字名であるが、後に触れる厩坂寺《うまやさかでら》という寺の仏像に由来する地名である。

国道を車が速いスピードで走るが、この道は、近代になるまでは中街道と、古代には下ツ道とよばれた。それは、目の当たりにしている国道についての初歩的な、あるいは年表的な歴史的解説である。だが、歴史を学ぶというのはそんなことではない。国道という現在に立つ。過去の中街道、下ツ道のことを考える。そのとき、時間の知覚は逆年表的に進んでいる。時計の針が逆進しているのだ。私は何をいいたいのか。つまり、歴史を学ぶことは、現在から時計の針を逆進させて現在を認識することで、現在からみえない未来をみることではないのだ。それは、別の次元の問題である。

話は理屈っぽくなったが、さて、厩坂寺のことである。厩坂寺は、平城京に建立された藤原氏の氏寺である興福寺の前身の寺である。さらに、厩坂寺の前身が、天智天皇八年（六六九）、

丈六と書かれた信号

藤原鎌足が死去したので、妻の鏡女王《かがみのひめみこ》が山背国の山階《やましな》（山科《やましな》）に造った山階寺で、鎌足の念持仏《ねんじぶつ》（日常、身に着けたり、身近に安置する仏像）である釈迦丈六像を祀った。後に、鎌足の子、藤原不比等が、山階寺を藤原京の厩坂に移し、厩坂寺と称した。信号の「丈六」という標識板の由来は、右のとおりである。

厩坂寺跡は、「丈六」の交差点を東に渡りしばらく行くと、左手にみえる土壇《どだん》状の高まりをもって有力な候補地とされている。『日本書紀』応神天皇三年条に、蝦夷を使って厩坂道を造ったと、また同十五年条に、百済の王から贈られた良馬二匹を、軽（橿原市大軽町）の坂上の厩坂で飼育したとある。

66 本薬師寺

もとは藤原京に建立

人が、宗教によりかかる動機は、さまざまである。寺社に奉納されている絵馬をみると「受験合格」「病気平癒」あるいは「家内安全」といった、現世利益的な祈願を書いたものが多い。しかし、心の奥に潜む生きることに対する苦悩から離脱せんと、ひたすら神仏に祈る人を目にすると、ひざまずきたい感情がこちらにも強く伝わる。

私の宗教体験など人に語れるほどのものではないが、かつて修験道の行を吉野の大峰山でなし終えたときは、死から生に帰還したありがたさが身体に満ちる思いがした。擬死体験である。身体が死の瀬戸際に追いやられたとき、人は神仏におのれの身を委ねる以外に道はない。

病気という死と生の境界ゾーンにあるとき、仏教では薬師《やくし》如来に救いを求める。平城京に薬師寺が建立され、奈良市西《にし》ノ京《きょう》町《ちょう》に荘厳な伽藍がある。もとは、藤原京の地に、天武天皇九年（六八〇）十一月に皇后（後の持統天皇）の病気治癒を祈願して建立し、百人の僧侶を得度させたと『日本書紀』にいう。天武天皇が死去したあと、持統天皇によって竣工《しゅんこう》した。今日、橿原市城殿町《きどのちょう》に、本薬師寺《もとやくしじ》跡として金堂の礎石、東西両塔の土壇、塔の心礎などが残る。近鉄橿原線の畝傍《うねび》御陵《ごりょう》前《まえ》駅で下車して、東に十分足らずの距離である。

薬師寺については、創建薬師寺が平城薬師寺に移建されたのか、それとも新たに平城薬師寺

本薬師寺跡に残る礎石群

が再建されたのかという薬師寺論争（移建・非移建論争）がある。今日に至るまで、いろいろな視点から議論されてきたが非移建説は次のような理由をあげる。

平城薬師寺の東塔には釈迦の一生を示す塑像《そぞう》群が配されているが、創建薬師寺の東塔の構造では、それが不可能である。また、中門の構造は、創建薬師寺では、柱が東西に四列に並ぶのに対して、平城薬師寺の場合は六列である。さらに本尊の薬師三尊像は、創建薬師寺からの移座説と平城京での新造説があるが、様式論から遷都後の作とするのが、今日では有力である。

右のような歴史的事実は知識の次元であるが、現代でも薬師如来に病気の平癒を祈る心情は、近代医学に病身を委ねる気持ちと、どのように交錯するのだろうか。祈る（イノル）とは、イ（接頭語）＋ノル（告ル）で病気を治癒したいという気持ちの言語的自発行為なのである。医学に身を任すこととは異なる人間の内発性に関わる。近代医学の体系にはない宗教的あるいは呪術的な祈るという行為は、近代文化から排除されてきたが、今、近代以前の立ち位置を探りはじめた。

67 大宮大寺

聖徳太子の思想と関連

人間の社会において、噂話は事実を曲げ、誇張されていくので、まともに信用できないことが多い。歴史の叙述においても、伝承的な要素は切り捨てるのが正道である。しかし、噂や伝承から事実の糸口を引き出せることもある。

すでに五三ページで、舒明天皇の発願の百済大寺跡と吉備池廃寺との関係について述べた。天平十九年（七四七）の「大安寺《だいあんじ》伽藍《がらん》縁起《えんぎ》幷《ならびに》流記《るき》資財帳《しざいちょう》」には、聖徳太子創建の熊凝精舎《くまごりしょうじゃ》を田村皇子（舒明天皇）に大寺とすることを託したと記す。この部分は伝承である。

宮と寺が並置する形式は、聖徳太子の斑鳩宮と斑鳩寺にみられる。このような配置は、仏教が国家統治において大きな存在となるというのが私の仮説である。理念的ではあっても、国家は仏教のもとにあり、天皇もそれに従うということである。先に述べたように、十七条憲法においても、三宝（仏教）を敬うことを、天皇による統治のあり方より先に説いている。

舒明天皇の百済大寺の建立に聖徳太子の影をやどす伝承があることは、右のような点からみると一顧《いっこ》すべきだと私は思う。

先にあげた大安寺の資財帳には天武天皇二年（六七三）、百済の地から飛鳥の高市の地に移したとあり、これが『日本書紀』にいう高市大寺のことであろう。さらに天武天皇六年（六七

明日香村小山の大官大寺跡

七）に高市大寺を大官大寺と改めたとある。ところが寺地は、明らかでない。

明日香村小山《こやま》に大官大寺の跡を示す石碑が立つ。藤原京内の地で金堂や塔の遺構からなる大規模な寺院跡が見つかっているが、天武朝までさかのぼらない。藤原京の二代目の文武天皇の時代に建立された大官大寺跡で、火災にあったと伝わる。

大官とは天皇のことを指すが、京内に天皇の寺を配することは宮と寺が並置する形式に類似し、聖徳太子の思想との関連が読み取れる。だから私は「鎮護国家」論とはズレがあるとみる。鎮護国家とは、国家安泰のために仏教を道具のように利用する政治的手法である。

「世間虚仮唯仏是真《せけんこけゆいぶつぜしん》」とは「天寿国曼荼羅《てんじゅこくまんだら》」に書かれた言葉で、聖徳太子によると伝わる。実際に太子によって語られたかどうかは不明であるとしても「世の中のことは仮のもので仏の教えのみ真実」という表現に、政治という仮の世界を超えた次元に仏を位置づけようとした太子の思想を探ることができる。

X 墳墓と遺跡

檀（真弓）

68 伎楽残像

石人像に跡をとどめる

飛鳥を歩きながら、ふと、思うことがある。古代のこの地で歌舞音曲の類いが盛んになされたはずであるが、その雰囲気が今日のわれわれに伝わってこない。無理もないことである。千四百年ほども前の歌姫の音色や舞姫のパフォーマンスを想像しても、それは幻想にすぎない。だが、その幻想を、少しでも具体的なものに近づける手がかりはないものか。

『日本書紀』推古天皇二十年（六一二）条に、百済の人味摩之《みまし》が渡来して「呉《くれ》（中国の南朝）で学んだ伎楽《くれがく》の舞をすることができます」というので、桜井に住まわせて、若い者を集めて、伎楽を習わせたとある。

伎楽を「くれがく」と読むのは、中国の南部をいう呉《くれ》の地の芸能であるからで、仮面劇の伎《ぎ》楽《がく》のことである。ここにいう桜井は、桜井市を指すのではなく、明日香村の豊浦寺をかつて桜井寺とよんだことから、その寺で味摩之を指導者として伎楽の教習をしたのであろう。飛鳥川に沿う今日の向原寺《こうげんじ》の前身にあたる。

古代の飛鳥で演じられた伎楽の様子を現代の飛鳥でみることができる、といえば人を驚かすことになる。

近鉄飛鳥駅で降りて東北方向に歩くと吉備姫王《きびつひめのおおきみ》の墓とされている塚がある。その中に猿

伎楽の伝わった桜井寺の後身、向原寺

石とよばれている四体の石造物がある。かつて考古学者の故亀田博氏は飛鳥時代に伝わった伎楽と関係するとし、猿石のそれぞれを伝説の霊鳥「迦楼羅《かるら》」、滑稽《こっけい》な男「崑崙《こんろん》」や「獅子《しし》」「力士」「酔胡《すいこ》王」の役柄にあてることができるとした。

　飛鳥の北にある、蝦夷ら辺境の民をもてなした場所付近の石神遺跡から出土した、一つの石に男と女が彫られている石人像については、早くから、日本美術史家の故野間清六氏が、男が胡《こ》帽《ぼう》をかぶり、酒杯をもっていたと想定でき、かつひげも濃いことから伎楽の「酔胡王」ではないかと示唆していた。とすると、女は思いをかけられた呉女《ごじょ》となる。

伎楽のルーツを探し求めた狂言師の故野村万之丞氏は、伎楽は不安撃退法だという。石で伎楽の役柄を彫って並べたのは飛鳥に侵入してくる魔物を撃退するのが目的であったのだろう。

伎楽は仏教寺院で演じられたが、いつごろか、衰退する。しかし伎楽面は法隆寺、東大寺に保存されてきた。正倉院展で伎楽面に出会うことがある。この面の芸能が、能楽に歴史的につながるのかどうか、私はいつも知りたいと思う。しかし面をつける芸能は普遍的なもので、伎楽から能楽へと直線的につなげるものではないのかもしれない。

69 権力と墳墓

自己顕示欲があらわに

大きな墳墓を築くというのは、その被葬者に従った人たちの死者に対する忠誠の意思表示なのか、それとも死者の遺志なのか。いずれにしても、権力の意思表示である。

権力や自分の足跡を死後にも誇示したいという気持ちは、人間の生き方の一つである。しかし、この世に生を営んだときの印《しるし》を大きく死後に残したいというのは、印でもって、後の世の人たちに見せつけたいという欲望にほかならない。

「おい、知ってくれよ、俺は偉かったのだぞ」と言っているかのようである。泰然としてこの世から消えることのできない死者の精神的弱さが露呈している。明日香村阪田《さかだ》を流れる飛鳥川の右岸を少し東に入ったところにある都塚《みやこづか》古墳の発掘調査の結果が平成二十六年（二〇一四）八月中旬に発表された。石舞台古墳の南、約四百メートルのところに立地する。

埋葬施設は、横穴式石室で、墳丘の規模は東西約四十一メートル、南北約四十二メートルの方墳である。築造年代は六世紀後半ころという。

この墳墓の北にある石舞台古墳も、やはり方墳で一辺約五十メートル、築造年代は七世紀前半とみられている。石舞台古墳の被葬者が蘇我馬子（六二六年没）とすれば、都塚古墳の被葬者は誰であるのか。

蘇我稲目の墓の可能性が高いとみられる都塚古墳

方墳という共通性、築造年代からみて、私は、欽明天皇に自分の娘を妃として入れた蘇我稲目（五七〇年没）の可能性が高いと思う。

この都塚古墳の西約八百メートル、飛鳥川の左岸に塚本《つかもと》古墳がある。一辺約三十九メートルの方墳で、築造年代は七世紀前半とされ、石舞台古墳と似る。

被葬者について語るのは、邪道であるが、境部《さかいべの》摩理勢《まりせ》（六二八年没）ではないかと思う。馬子の弟で、一族の代表者として、欽明天皇の妃堅塩媛の改葬に際して誄《しのびごと》をしたが、稲目―馬子―蝦夷という蘇我本宗家と対立し、蝦夷に殺された人物である。反本宗家勢力によって墳墓が築造されたということは、視野に入れておいてよいだろう。

飛鳥川をはさんで、東西に権力の意思が際立っているのをみることができる。

念のために繰り返していっておくが、古墳の被葬者論は軽々に語るものではない。墓誌などがともなわない古代の墳墓については、考古学的な「モノ」の問題にとどめておくべきであろう。

70 真弓の丘

墳墓とよみがえりの地

私は、仕事柄、遺跡を訪ねることが少なくない。そのとき、野の花や樹木、あるいは鳥の名前を知っていたら、もっと楽しいのにと思うことがある。そのためということでもないが、今、古代博物誌のようなものをつくりたい気持ちがある。わが国のモノに精霊が宿るという信仰（アニミズム）を知るには欠かせない作業である。

六ページで述べたように、飛鳥という地名の表記が、鳥との関係を示唆しているし、『日本書紀』の綏靖《すいぜい》天皇紀や宣化天皇紀に出る桃花鳥《つき》という地名は鳥のトキ（朱鷺）のことである。『日本書紀』皇極天皇二年（六四三）条に、皇極・孝徳天皇の母、吉備姫王が死去したので、檀弓《まゆみ》の岡に葬ったとある。『延喜式』の陵墓一覧には、吉備姫王の墓は檜隈墓と記されている。

今日、近鉄飛鳥駅を下車して少し北寄りに歩いたところに吉備姫王の墓があり、猿石とよばれる石造物が置かれている。考古学的には、墳墓であることを疑う説もあり、明日香村真弓《まゆみ》という集落はここよりも西に位置するので、吉備姫王墓は、別のところにあることも考えられよう。

真弓は丘陵状の地形で、越智岡《おちおか》丘陵とよばれる。岩屋山《いわやさん》古墳や先年発掘調査された斉明天皇陵と思われる牽牛子塚古墳・真弓鑵子塚《かんすづか》古墳・マルコ山古墳など多数の墳墓がある。

マルコ山古墳など多数の古墳がある真弓の丘

越智岡の「オチ」は「変若」とも書かれ、若返る、あるいは元に復すという意味である。墳墓の土地として死後またこの世によみがえるという死生観を表しているのではないだろうか。

そこで真弓（マユミ）のことである。マユミは、秋に紅葉するニシキギ科に属する。もともとこの丘陵にマユミが自生していたので、岡の名になったのかもしれないが、古くより鬼を殺す、あるいは、呪《のろ》いによって取り付いた虫を除くとされた。そのような意味で死者を守る植物であったとも思える。弓の材料としても使われるマユミという名の由来を語っている。

71 八角形墳

永遠の宇宙王が君臨

現代のわれわれが、宇宙の姿を描けといわれたら、どんなふうな絵を示すことができるだろうか。想像するのも難しい大宇宙に浮かぶ地球という小さな星がわれわれ人類のすみかである。そこで民族や国の対立による戦争があり、金儲《もう》けのためにあくせくし、立身出世をめざしてエネルギーを消耗する。「人間病」としかいえない戯画を見慣れたわれわれは、とても宇宙の姿を描くことは、できない。

中国で生まれた道教という宗教は、東西南北と、その中間の東北、西南などを合わせて八方位として宇宙を簡略的に示した。それを立体的に八本のロープを張ったドーム状の建造物で示す場合もある。

飛鳥時代は、蘇我氏や聖徳太子によって知られるように仏教が国家統治のための重要な思想的意味をもった。ところが、宮廷にあっては、道教が、現実の望みをかなえてくれそうな宗教であった。例えば、不老長生などは、道教の根幹にあった。わが国の「天皇」という称号も、北極星を神格化した天皇大帝に由来する。そのため、天皇は神として君臨できる存在であった。飛鳥時代の天皇が死去したときに葬られる墳墓の平面図形は、宇宙を表した八角形であった。

飛鳥時代の天皇で最初に八角形の平面形の古墳に葬られたのは、舒明天皇である。舒明天皇

八角形の天武・持統陵古墳

が死去したときの墳墓を後に皇極天皇が押坂陵《おさかのみささぎ》に改葬したという。押坂陵は、桜井市忍阪の八角形の段ノ塚古墳にあてられている。

このことから、天皇という称号のはじめを、皇極天皇よりも一代さかのぼって舒明朝となしうることも念頭に置いておきたい。

以下、皇極（斉明）天皇陵（牽牛子塚古墳）、天智天皇陵（御廟野《ごびょうの》古墳〔京都市山科区〕）、天武・持統天皇陵（檜隈大内陵＝野口王墓《のぐちのおうぼ》古墳）、文武天皇陵（中尾山古墳）は、八角形古墳と認めることができよう。一つの例外として、実体が明らかでない大阪府南河内郡太子町《たいしちょう》にある孝徳天皇陵については、今後の精査が必要である。

八角形墳に葬られることは、生前の八角形の高御座《たかみくら》のように、死後も宇宙王として君臨することである。

予期しない何かが起こると、人は、たいてい偶然だとするが、時に必然ではないかと思うときがある。

明治以降、近代科学に寄り添ってきた日本人は、目の前で自分の意図せずに起こることのすべては、偶然と割り切る。近代科学では、出来事を因果関係で説明しないといけないからである。考古学の発掘調査においても、思いがけない大発見があったとき、誰もが、偶然であると片づけてしまう。ところが、あの人が調査すると大きな成果がよくあるとなると、人々は偶然とは言い切れない気持ちになんとなくとらわれる。

平成二十六年（二〇一四）の十二月に、明日香村川原《かわはら》の発掘調査で大きな発見があった。すでにテレビや新聞で報じられた小山田《こやまだ》遺跡における調査である。建築工事にともなう事前調査であるから、最初から、人を驚かす成果を狙っていたわけではない。ところが、調査の過程で、人頭大の石を積んだ貼石《はりいし》と石敷きの遺構が見つかり、方墳の形をした古墳らしい構造物の周濠の一部ではないかと想定された。全貌はわからないが、かなり大規模な墳墓らしい。ところが、埋葬品がなく、わずかな土器片を手がかりに、年代は七世紀半ばごろのものとする見解が発掘担当者から示された。

小山田遺跡の貼石。舒明天皇の初葬墓の一部か

次に人々の関心をよぶのは、被葬者である。軽々に被葬者について論じてはならないと先に述べたが、規模の大きさがどうしても興味をそそる。七世紀半ばごろで、地位の高い人物と考えられる。そして副葬品が、ほとんど残っていない。おそらく改葬されたことによるものであろう。とすれば、舒明天皇も被葬者の候補の一人であろう。

『日本書紀』によると、舒明天皇は、舒明天皇十三年（六四一）十月に死去し、翌年の皇極天皇元年（六四二）十二月に滑谷岡《なめはざまのおか》に葬られ、同二年九月に、現在の桜井市の押坂陵に改めて葬られている。

周辺の調査が予定されているが、現状で示されている年代から推定して、舒明天皇の初葬墓《しょそうぼ》とするのも一つの解釈であろう。

この発見が、偶然か、必然かと問われても、私には答えの用意がない。天皇陵調査を期待する考古学者の熱意が伝わったようである。

73 飛鳥の川原

斉明天皇ゆかりの土地

日本でも、欧米風のディベートによって、ことの決着をつけることがある。だが、それは言葉の力で、勝ち負けを決めるので、真実が明白になるのではない。つまり言い負かす技術の差による。ディベートの場合、当事者は対等の立場にあるとされるが、片方が相手より強い権力・権威をもつと、公正なディベートは成立しにくい。

学問の世界でも同じである。師匠と弟子の間で、激しい論争がなされることは、あまり耳にしない。前項の明日香村川原の舒明天皇の初葬墓とみられる遺構についても、研究機関が慎重に検討してきているが、年代を決めるには出土物に恵まれなかった。わずかな土器片で七世紀前半から中葉ぐらいとされたが、その墳墓に関わりのある人物として、舒明天皇のほかに、別の二人の人物を思い浮かべることができそうである。そのうちの一人は、蘇我蝦夷である。『日本書紀』皇極天皇元年（六四二）条に蝦夷と入鹿は生前に墓を造り大陵《おおみささぎ》・小陵《こみささぎ》の双墓《ならびのはか》を造ったとある。今回発掘された周濠とみられる遺構は、蘇我馬子を被葬者とみる石舞台古墳の周濠の構築法と似ている。とすれば、蝦夷を葬る予定だった双墓の大陵とも考えうるであろう。

もう一人の人物は、斉明天皇である。斉明女帝は、百済救援のために、娜大津《なのおおつ》（福岡博多）

川原宮の跡に建てられた川原寺（弘福寺）

に乗り出すが、その地で亡くなった。飛鳥に帰った遺体は、斉明天皇七年（六六一）、飛鳥の川原で殯にされた。その後、天智称制六年（六六七）に葬られた小市岡上陵は、すでに述べたように牽牛子塚古墳とするのが有力である。

とすれば、斉明天皇は、およそ六年間、やはり、初葬墓に埋葬されていたことになる。今回、推定された小山田遺跡の年代よりも下がるが、年代の決め方の経緯が詳しく説明されたら、被葬者像について、議論する興味がより増すであろう。

74 飛鳥池工房遺跡

日本最古の「富本銭」出土

発掘と保存の問題は、ずいぶん以前から議論されてきた。とりわけ、日本が経済成長の真っただ中にあったころ、開発工事の事前に行う発掘調査が各地であり、重要な遺構が発見されたときには、保存すべきか破壊して建造物を建てるべきか、意見が飛び交った。力のあるのは開発側である。保存側の叫び声は、次第に消えていくのが常であった。

その理由の一つには、大規模な公共工事にともなう発掘調査の費用が、公費から支出されていることによって、政治的圧力がかかる場合があるからである。しかし、それだけではない。調査者・研究者側にも責任がある。保存すべきかどうかの判断が、主観的である場合がある。自分の立場からみれば壊しても差し支えない、というような発言を聞いたこともあった。

かつて、飛鳥寺の東南方で、飛鳥時代の工房跡が見つかった。飛鳥池工房遺跡《あすかいけこうぼう》とよばれる。ガラス製品や金・銀・銅製品などが製作されていた貴重な遺跡である。和同開珎《わどうかいちん》よりも古い日本最古の鋳造銭「富本銭《ふほんせん》」が出土し関心をよんだ。木簡《もっかん》の中に「天皇」と墨書されたのもあり、注目された。

富本銭は、流通に用いられた貨幣とする説が有力になっているが、まじないに使う厭勝銭《えんしょうせん》とする見方もある。「天皇」と墨書された木簡は「天皇聚露」と読める箇所があるが、意味がわかりにくい。だが、天武朝の層位から「天皇」という文字が書かれた木簡が出土したことによって、天皇という称号は、天武朝には使われていたと、ほぼ断定された。

工房跡に建てられた万葉文化館

飛鳥の工房遺跡の発見は、万葉文化館の建築工事の事前調査によるものであった。遺跡保存が叫ばれたが、結局は、部分的な炉跡群の復原展示や富本銭などの出土品を展示するにとどまった。この場合、工房遺跡の保存についての具体案がどの程度徹底的に検討されたかについて、私は知らない。私は万葉文化館の建設側の委員の一人として、『万葉集』の冒頭歌がよまれた桜井市を候補地にすべきだとして、委員会に臨んだが、すでに建設地は動かしがたく定められていた。

工房跡の発見によって、飛鳥の風景をより具体的にイメージすることができた。つまり宮という国家の中枢機能である場所に「工場」が近接して立地していたことになる。宮＝政治、寺＝宗教と並んで、工房があるという構成である。「農」の風景はなかったのであろうか。近代都市が「農」を退けて立地することに似ている。

高松塚古墳とキトラ古墳

壁画から広がる推測

日本の古代を東アジアとの関連でどのように語るかは、いろいろと試みられているが、ナショナリズムとまではいわないとしても、日本という枠内で考えてしまう傾向がある。飛鳥の高《たか》松塚《まつづか》古墳やキトラ古墳の被葬者は誰かという問いかけに応じるように、天皇の皇子や官人の名前があがる。

繰り返して述べるが、墓誌が見つからない限り、固有名詞をあげるのは研究のあり方からすれば邪道ではある。年代からいえば、キトラ古墳が高松塚古墳より古く、キトラ古墳を八世紀の初頭、高松塚古墳を七一〇年代の終わりとする見解がある。

四神などが描かれた壁画古墳は、これまで高松塚古墳とキトラ古墳しか見つかっていない。今後、多数の壁画古墳が発見される可能性は低いといわれる。まして、宮内庁の管理下にはないが、天皇陵や皇子の墓と推定できる墳墓の発掘や歴史時代の盗掘記録には、壁画が描かれていたという所見はない。とすれば、視野を東アジアに広げてみてもよいのではないか。

当時、日本との関係が緊密であった百済に注目してみよう。『日本書紀』舒明天皇三年（六三一）三月条に「百済王、義慈《ぎじ》、王子豊章《ほうしょう》（璋）を入れて質とす」と、また『続日本紀』天《てん》平神護《ぴょうじんご》二年（七六六）条に百済王敬福《きょうふく》の薨伝《こうでん》を載せるが、そこでも舒明朝における百済王善《ぜん》

明日香村平田の高松塚古墳の現状

光《こう》の渡来に触れる。これらの記事から、私は、両古墳の被葬者は、百済王に関係する人物ではないかと推測する。決定的な根拠はないが、かつての百済の王族の地である韓国公州《コンジュ》の宋山里《ソンサンニ》古墳群の六号墳や扶余《プヨ》の東方にある陵《ヌン》山里《サンニ》古墳群の東下塚にも壁画に四神が描かれている。

被葬者の議論は、今後も続くであろうが、一体、壁画の意味は何だろうか。

高松塚古墳からは朱雀が検出されなかったが、原則として四神が描かれていたはずで、天井には星宿《せいしゅく》図《ず》（星座の図）があった。一方、キトラ古墳には十二支像が描かれている。これから判断すれば、石室は天空世界である。被葬者が天空世界に昇ることを表現したものである。高松塚古墳の人物像など触れねばならない問題が残るが、壁画古墳の基本的な解釈は、以上でよいであろう。

壁画は、それぞれ重要であるが、なかでもキトラ古墳の天井に描かれた精緻《せいち》な星宿図は、東アジアのどこの壁画にも描かれていない世界的な遺産である。

おわりに　保存問題と世界遺産――「日本文化のハース」に

飛鳥は、繰り返し保存についての議論がなされてきた。手厚い保存の手がさしのべられている飛鳥は、恵まれていると私は思う。

昭和五十五年（一九八〇）に、「明日香村特別措置法」が施行されるに至り、それに歩を同じくして古都飛鳥保存財団や国営飛鳥歴史公園などの事業が展開されてきた。大いに評価されてよい。だが、近年の文化資源保存行政全般についていえることだが、言葉の使い方が安易にすぎる。

一例をあげるにとどめるが、飛鳥について、「歴史的風土」という言葉がしばしば使われる。その意味がわかりにくい。飛鳥の風景は飛鳥立法の規制で、俗悪な建築物はなく棚田の風景も美しい。だが、これはかつてあった日本の農村の風景ではないか。「歴史的風土」とは、このような、失われた風景のことをいうのであろうか。

明日香村が推進している村まるごと博物館づくりにも大いに期待したいが、まだ、私には、そのイメージが十分に伝わってこない。

飛鳥の集落。甘樫の丘から

そして、世界文化遺産の問題が浮上してきた。平成十九年（二〇〇七）、文化庁の世界文化遺産特別委員会において「飛鳥・藤原の宮都とその関連資産群」として世界遺産暫定リストに登載されるに至った。私は世界文化遺産にはまったく関与していないので、多くを語ることは差し控えたい。ただ、二つだけ私見を述べたい。

一つは、これまでの飛鳥の保存問題において、置き忘れてきたものがある、ということだ。それは、この本で何度も取り上げた桜井市域で、今日、飛鳥があるのは、隣接する地域の豊かな古代史があればこそである。飛鳥にのみ、文化財の保存が強調されすぎていないか。三輪山や大和三山、多武峯の宗教的自然景観にも、もっと目を注ぐべきであろう。もう一つは、桜井から飛鳥にかけての地域が、日本の文化の形を生み出した地ならば、「ハース」（hearth 創造の中心地）という用語を使うのが国際的に効果的であろう。「日本文化のハース」ならば、世界を納得させることができる。

何よりにもまして、わが国の世界遺産はまず第一に桜井・飛鳥地域をもって登録すべきであった。諸般の事情でできなかったと聞くが、国家誕生の地の風景をアピールして何か支障があるだろうか。海外の世界遺産の関係者も納得させることができるのではないか。埋蔵文化財にこだわりすぎた憾《うら》みがある。

本書は、『中日新聞』『東京新聞』朝刊（2014年３月29日～2015年９月11日）に連載された「古代史の舞台　飛鳥を歩く」に加筆・修正を加えたものです。

この地図の作成に当たっては、国土地理院長の承認を得て、同院発行の基盤地図情報及び電子地形図（タイル）を使用しました。（承認番号　平27情使、第1137号）
立体地図の作成に当たっては、「カシミール3D」（DAN杉本氏作。http://www.kashmir3d.com/）を使用しました。

DTP・地図制作　市川真樹子

千田 稔（せんだ・みのる）

1942（昭和17）年，奈良県生まれ．京都大学卒業，同大学大学院文学研究科博士課程を経て追手門学院大学，奈良女子大学，国際日本文化研究センターで教授等を歴任．現在，奈良県立図書情報館長．博士（文学・京都大学）．歴史地理学的視点から歴史文化論を展開している．

著書『天平の僧 行基』，『飛鳥—水の王朝』，『伊勢神宮—東アジアのアマテラス』，『平城京遷都』，『古事記の宇宙』（以上，中公新書），『こまやかな文明・日本』（NTT 出版），『古代天皇誌』（東方出版）など多数

カラー版《ばん》 古代飛鳥《こだいあすか》を歩《ある》く

中公新書 *2371*

2016年 4 月25日初版
2016年 6 月15日 3 版

著 者 千 田 稔
発行者 大 橋 善 光

本文印刷 三晃印刷
カバー印刷 大熊整美堂
製 本 小泉製本

発行所 中央公論新社
〒100-8152
東京都千代田区大手町 1-7-1
電話 販売 03-5299-1730
編集 03-5299-1830
URL http://www.chuko.co.jp/

Published by CHUOKORON-SHINSHA, INC.
Printed in Japan ISBN978-4-12-102371-1 C1221

中公新書

日本史

d1

- 2189 歴史の愉しみ方　磯田道史
- 2295 天災から日本史を読みなおす　磯田道史
- 2299 日本史の森をゆく　東京大学史料編纂所編
- 1617 歴代天皇総覧　笠原英彦
- 2302 日本人にとって聖なるものとは何か　上野　誠
- 1928 物語　京都の歴史　脇田　修・脇田晴子
- 2345 京都の神社と祭り　本多健一
- 482 倭　国　岡田英弘
- 147 騎馬民族国家（改版）　江上波夫
- 2164 魏志倭人伝の謎を解く　渡邉義浩
- 1085 古代朝鮮と倭族　鳥越憲三郎
- 1878 古事記の起源　工藤　隆
- 2157 古事記誕生　工藤　隆
- 2211 古事記の宇宙《コスモス》―神と自然　千田　稔
- 2095 『古事記』神話の謎を解く　西條　勉
- 2230 言霊とは何か　佐佐木　隆
- 804 蝦　夷（えみし）　高橋　崇
- 1041 蝦夷《えみし》の末裔　高橋　崇
- 1622 奥州藤原氏　高橋　崇
- 1293 壬申の乱　遠山美都男
- 1568 天皇誕生　遠山美都男
- 1779 伊勢神宮―東アジアのアマテラス　千田　稔
- 1607 飛鳥―水の王朝　千田　稔
- 2371 カラー版　古代飛鳥を歩く　千田　稔
- 2168 飛鳥の木簡―古代史の新たな解明　市　大樹
- 2353 蘇我氏―古代豪族の興亡　倉本一宏
- 291 神々の体系　上山春平
- 2362 六国史《りっこくし》―日本書紀に始まる古代の「正史」　遠藤慶太
- 1502 日本書紀の謎を解く　森　博達
- 1802 古代出雲への旅　関　和彦
- 2054 正倉院文書の世界　丸山裕美子
- 1003 平安朝の母と子　服藤早苗
- 1240 平安朝の女と男　服藤早苗
- 1867 院　政　美川　圭
- 2281 怨霊とは何か　山田雄司
- 608/613 中世の風景（上下）　阿部謹也・網野善彦・石井　進・樺山紘一
- 1503 古文書返却の旅　網野善彦
- 1392 中世都市鎌倉を歩く　松尾剛次
- 2127 河内源氏　元木泰雄
- 2336 源頼政と木曽義仲　永井　晋